BIBLIOTHEQUE
UNIVERSELLE
DES DAMES.
Première Classe :
VOYAGES.

paroît tous les mois deux Volumes de Bibliothèque. On les délivre foit brochés, foit reliés en veau fauve ou écaillé, & dorés fur tranche, ainſi qu'avec ou fans le nom de chaque Soufcripteur imprimé au frontifpice de chaque volume.

La foufcription pour les 24 vol. reliés eſt de 72 liv., & de 54 liv. pour les volumes brochés.

Les Soufcripteurs de Province, auxquels on ne peut les envoyer par la poſte que brochés, payeront de plus 7 liv. 4 f. à cauſe des frais de poſte.

Il faut s'adreſſer à M. CUCHET, Libraire, rue & hôtel Serpente, à Paris.

BIBLIOTHEQUE
UNIVERSELLE
DES DAMES.
VOYAGES.

TOME DIX-HUITIÈME.

A PARIS,

Rue et hôtel Serpente.

Avec Approbation & Privilège du Roi.

1790.

BIBLIOTHEQUE
UNIVERSELLE
DES DAMES.
VOYAGES.
LETTRE XVIII.

Du Port-Louis.

Des rives orientales de l'Egypte j'arrive, Madame, après une navigation longue & périlleuse sur la mer Rouge, le détroit de Babelmandel & l'océan Indien, à l'île de France.

Cette île fut découverte par un Portugais de la maison de Mascareynhas, qui la nomma l'île Cerné.

Ensuite elle fut possédée par les Hollandois qui lui donnèrent le nom de Maurice. Ils l'abandonnèrent en 1712, peut-être à cause du cap de Bonne-Espérance où ils s'établissoient. Les François, fixés déjà dans l'île de Bourbon qui n'est qu'à quarante lieues de l'île de France, vinrent enfin s'y établir.

Il y a deux ports dans cette île; d'abord celui du sud-est, nommé le grand port, où les Hollandois s'étoient arrêtés, & où l'on voit encore quelques restes de leurs édifices: on y entre vent arrière; mais on en sort difficilement, les vents étant presque toujours au sud-est.

Le petit port ou le port Louis est situé au nord-ouest. Sa latitude est de 20 degrés. C'est-là le chef-lieu situé dans l'endroit le plus désagréable de l'île. La ville appelée aussi le Camp, & qui ne ressemble guère qu'à un bourg bâti au fond du port, est à l'ouverture d'un vallon qui peut avoir trois quarts de lieue de profondeur sur quatre cens toises de large. Ce vallon est formé en cul-de-sac, par une chaîne de hautes montagnes, hérissées de rochers sans arbres & sans buissons. Les flancs de ces montagnes sont couverts pendant six mois de l'année d'une herbe brûlée, ce qui rend tout ce paysage noir comme une charbonnière. Le couronnement des mornes qui forment ce triste vallon est brisé ; la partie la plus élevée se trouve à son extrêmité, & se termine par un rocher isolé qu'on appelle le Ponce. Cette partie contient encore quelques arbres : il en sort un ruisseau qui traverse la ville, & dont l'eau n'est pas bonne à boire.

Quant à la ville ou Camp, elle est formée de maisons de bois qui n'ont qu'un rez-de-chaussée. Chaque maison est isolée & entourée de palissades. Les rues sont assez bien alignées ; mais elles ne sont ni pavées, ni plantées d'arbres. Partout le sol est couvert & hérissé de rochers, de sorte qu'on ne peut faire un pas sans risquer de se casser le cou. Elle n'a ni enceinte ni fortifications. Il y a seulement sur la gauche, en regardant la mer, un mauvais retranchement en pierre sèche, qui prend depuis la montagne jufqu'au port; de ce même côté eft le fort Blanc, qui en défend l'entrée; de l'autre côté vis-à-vis eft une batterie fur l'île aux Tonnelliers.

Suivant les mefures de l'abbé de la Caille, l'île de France a quatre-vingt-dix mille fix cens foixante-huit toifes de circuit; fon plus grand diamètre a trente-un mille huit cens quatre-vingt-dix toifes du nord au fud, & vingt-deux mille cent vingt-quatre eft & oueft; fa furface de quatre cens trente-deux mille fix cens quatre-vingts arpens à cent perches l'arpent, & à vingt pieds la perche.

La partie du nord-ouest de l'île est sensiblement unie, & celle du sud-est toute couverte de chaînes de montagnes de trois cens à trois cens cinquante toises de hauteur. La plus haute de toutes a quatre cens vingt-quatre toises, & est à l'embouchure de la rivière Noire. La plus remarquable, appelée Pieterbath, est de quatre cens vingt toises ; elle est terminée par un obélisque, surmonté d'un gros rocher cubique, sur lequel personne n'a jamais pu monter. De loin cette pyramide & ce chapiteau ressemblent à la statue d'une femme.

L'île est arrosée de plus de soixante ruisseaux, dont quelques-uns n'ont point d'eau dans la saison sèche, sur-tout depuis qu'on a abattu beaucoup de bois. L'intérieur de l'île est rempli d'étangs, & il y pleut presque toute l'année, parce que les nuages s'arrêtent au sommet des montagnes & aux forêts dont elles sont couvertes.

Je ne peux vous donner de connoissances plus étendues d'un pays où j'arrive à peine; je compte passer quelques jours à la campagne, & je tâcherai de vous décrire alors tout ce qui concerne les productions de cette île.

Quant aux qualités de l'air qu'on y respire, voici déjà ce que j'en ai pu recueillir. Il n'y a point ici

de maladies particulières au pays ;
mais on y meurt de toutes celles
de l'Europe. J'ai vu mourir d'apoplexie, de petite vérole, de maux
de poitrine, d'obstructions au foie,
ce qui vient de chagrin plutôt que
de la qualité des eaux, comme on
le prétend. J'y ai vu une pierre
plus grosse qu'un œuf qu'on avoit
tirée à un noir du pays. J'y ai vu
des paralytiques & des gouteux trèstourmentés, des épileptiques saisis
de leurs accès. Les enfans & les
noirs sont très-sujets aux vers. Les
maladies vénériennes produisent
des crabes dans ceux-ci : ce sont
des crevasses douloureuses qui viennent sous la plante des pieds. L'air
y est bon comme en Europe, mais

il n'a en lui aucune qualité médecinale ; je ne conseille pas même aux gouteux d'y venir, car je pense qu'ils pourroient rester plus de six mois au lit.

Les tempéramens sont sensiblement altérés, aux révolutions des saisons : on est sujet aux fièvres bilieuses, & la chaleur occasionne des descentes ; mais avec de la tempérance & des bains on se porte bien. J'observe cependant qu'on jouit dans les pays froids d'une santé plus forte, & d'un esprit plus vigoureux : il est même très-singulier que l'histoire ne parle d'aucun homme célèbre né entre les deux tropiques, excepté Mahomet.

C'est ici le lieu de vous rendre

compte d'un ouragan dont je fus accueilli le second jour de mon arrivée. Dès le matin de ce jour, les vents étant au sud-est, le temps se disposa à un coup de vent. Les nuages s'accumulèrent au sommet des montagnes. Ils étoient olivâtres & couleur de cuivre. On en remarquoit une longue bande supérieure qui étoit immobile. On voyoit des nuages inférieurs courir très-rapidement. La mer brisoit avec grand bruit sur les récifs. Beaucoup d'oiseaux marins venoient du large se refugier à terre. Les animaux domestiques paroissoient inquiets. L'air étoit lourd & chaud, quoique le vent n'eût pas tombé.

A tous ces signes, qui présageoient

l'ouragan, chacun se hâta d'étayer sa maison avec des arcs-boutans, & d'en condamner toutes les ouvertures.

Vers les dix heures du soir l'ouragan se déclara. C'étoient des rafales épouvantables, suivies d'instans d'un calme effrayant, où le vent sembloit reprendre des forces. Il fut ainsi en augmentant pendant la nuit; ma case en étant ébranlée, je passai dans un autre corps de logis. Mon hôtesse fondoit en larmes dans la crainte de voir sa maison détruite. Personne ne se coucha. Vers le matin le vent ayant encore redoublé, je m'apperçus que tout un front de la palissade de l'entourage alloit tomber, &

qu'une partie de notre toît se soulevoit à un des angles. Avec quelques planches & des cordes, je fis prevenir le dommage. En traversant la cour pour donner quelques ordres, je pensai plusieurs fois être renversé Je vis au loin des murailles tomber, & des couvertures dont les bardeaux s'envoloient comme des jeux de cartes.

Il tomba de la pluie vers les huit heures du matin, mais le vent ne cessa point. Elle étoit chassée horisontalement & avec tant de violence, qu'elle entroit comme autant de jets d'eau par les plus petites ouvertures Elle gâta une partie de mes papiers.

A onze heures, la pluie tomboit

du ciel par torrens. Le vent se calma un peu, les ravines des montagnes formoient de tous côtés des cascades prodigieuses. Des parties de roc se détachoient avec un bruit semblable à celui du canon. Elles formoient en roulant de larges trouées dans les bois. Les ruisseaux se débordoient dans la plaine qui étoit semblable à une mer. On n'en voyoit plus ni les digues, ni les ponts.

A une heure après-midi, les vents sautèrent au nord-ouest. Ils chassoient l'écume de la mer par grands nuages sur la terre. Ils jetèrent les navires du port sur le rivage, qui tiroit en vain du canon ; on ne pouvoit leur envoyer du secours.

Par ces nouvelles secousses les édifices furent ébranlés en sens contraire & presqu'avec autant de violence. Vers les deux heures ils passèrent à l'est, ensuite au sud. Ils firent ainsi le tour de l'horizon dans les vingt-quatre heures, suivant l'ordinaire, après quoi tout se calma.

Beaucoup d'arbres furent renversés, des ponts furent emportés. Il ne resta pas une feuille dans les jardins. L'herbe même, ce chiendent si dur, paroissoit en quelques lieux rasée au niveau de la terre.

Pendant la tempête un bon citoyen envoya par-tout ses nois, ouvriers, offrir gratuitement leurs services. Cet homme étoit menuisier. Il ne faut pas oublier les bonnes actions.

On avoit annoncé le vingt-trois une éclipse de lune à cinq heures quatre minutes du soir, mais le mauvais tems empêcha les observations.

L'ouragan arrive tous les ans assez régulièrement au mois de décembre; quelquefois en mars. Comme les vents font le tour de l'horizon, il n'y a point de souterrain où la pluie ne pénètre. Il détruit un grand nombre de rats, de sautereiles & de fourmis, & on est quelque tems sans en voir. Il tient lieu d'hiver, mais ses ravages sont plus terribles. On se ressouviendra long-tems de celui de 1760. On vit un contre-vent enlevé en l'air & dardé comme une flêche dans une couverture. Les mâts inférieurs d'un vaisseau de soixante-quatre canons qui étoient sans vergues, furent tors & rompus. Il n'y a point d'arbre d'Europe qui pût résister à de si violens tourbillons. Nous verrons comment la nature s'est occupée à défendre les forêts de ce pays.

LETTRE XIX.

Du Port-Louis.

L'Isle de France étoit déserte, lorsque Mascareynhas la découvrit. Les premiers François qui s'y établirent, furent quelques cultivateurs de Bourbon. Ils y apportèrent une grande simplicité de mœurs, de la bonne foi, l'amour de l'hospitalité & même de l'indifférence pour les richesses. M. de la Bourdonnaie, qui est en quelque sorte le fondateur de cette colonie, y amena des ouvriers, bonne espèce d'hommes, & quelques mauvais sujets que leurs parens y avoient fait passer ; il les força d'être utiles.

Lorsqu'il eut rendu cette île intéressante par ses travaux, & qu'on la crut propre à devenir l'entrepôt du commerce de l'Inde, il y vint des gens de tout état.

D'abord des employés de la compagnie. Comme les premiers emplois de l'île étoient entre leurs mains, ils y vécurent à-peu-près comme les nobles à Venise. Ils joignirent à ces mœurs aristocratiques, un peu de cet esprit financier, qui effarouche tant l'agriculteur. Tous les moyens d'établissement étoient entre leurs mains. Ils avoient à-la-fois la police, l'administration & les magasins. Quelques-uns faisoient défricher & bâtir, & ils revendoient leurs travaux assez cher à ceux qui cherchoient fortune. On cria contr'eux, mais ils étoient tout-puissans.

Il s'y établit des marins de la compagnie, qui depuis long-tems ne peuvent pas concevoir que les dangers & la peine du commerce des Indes soient pour eux, tandis que les honneurs & le profit sont pour d'autres. Cet établissement, voisin des Indes, faisant naître de grandes espérances, ils s'y arrêtèrent ; ils étoient mécontens avant de s'y établir; ils le furent encore après.

Il y vint des officiers militaires de la compagnie. C'étoient de braves gens dont plusieurs avoient de la naissance. Ils ne pouvoient pas imaginer qu'un militaire pût s'abaisser à aller prendre l'ordre d'un homme, qui quelquefois avoit été garçon de comptoir : passe pour en recevoir sa paye. Ils n'aimoient pas les marins qui sont trop décisifs : en se faisant habitans, ils ne changèrent point d'esprit, & ne firent pas fortune.

Quelques régimens du roi y relâchèrent & même y séjournèrent. Des officiers, séduits par la beauté du ciel & par l'amour du repos, s'y fixèrent. Tout ployoit sous le nom de la compagnie. Ce n'étoit plus de ces distinctions de garnison qui flattent tant l'officier subalterne ; chacun avoit là ses prétentions ; on regardoit ces officiers presque comme des étrangers. Ce furent de grandes clameurs au nom du roi.

Il y étoit venu des missionnaires de S. Lazare, qui avoient gouverné paisiblement les hommes simples qui s'étoient les premiers établis : mais quand ils virent que la société en s'augmentant se divisoit, ils s'en tinrent à leurs fonctions curiales, & à quelques bonnes habitations : ils ne furent chez les autres que quand ils y furent appelés. Il y passa quelques marchands avec un peu d'argent. Dans une île sans commerce, ils augmentèrent les abus d'un agiot qu'ils y trouvèrent établi, & se livrèrent à de petits monopoles. Ils ne tardèrent pas à se rendre odieux à ces différentes classes d'hommes, qui ne pouvoient se souffrir. On les désigna sous le nom de Banians. C'est comme qui diroit Juifs. D'un autre côté ils affectèrent de mépriser les distinctions particulières de chaque habitant, prétendant qu'après avoir passé la ligne, tout le monde étoit à-peu-près égal.

Enfin l'avant-dernière guerre de l'Inde y jeta, comme une écume, des banqueroutiers, des libertins ruinés, des fripons, des scélérats, qui chassés de l'Europe par leurs crimes, & de l'Asie par nos malheurs, tentèrent d'y rétablir leur fortune sur la ruine publique. A leur arrivée, les mécontentemens généraux & particuliers augmentèrent. Toutes les réputations furent flétries avec un art d'Asie inconnu à nos calomniateurs : il n'y eut plus de femme chaste, ni d'homme honnête : toute la confiance fut éteinte, toute estime détruite. Ils parvinrent ainsi à décrier tout le monde, pour mettre tout le monde à leur niveau.

Comme leurs espérances ne se fondoient que sur le changement d'administration, ils vinrent enfin à bout de dégoûter la compagnie qui céda au roi en 1765, une colonie si orageuse & si dispendieuse.

Pour cette fois on crut que la paix & l'ordre alloient régner dans l'île, mais on n'avoit fait qu'ajouter de nouveaux levains à la fermentation.

Il y débarqua un grand nombre de protégés de Paris pour faire fortune dans une île inculte & sans commerce, où il n'y avoit que du papier pour toute monnoie. Ce fut des mécontens d'une autre espèce.

Une partie des habitans qui restoit attachée à la compagnie par reconnoiffance, vit avec peine l'administration royale. L'autre portion, qui avoit compté fur les faveurs du nouveau gouvernement, voyant qu'il ne s'occupoit que de plans économiques, fut d'autant plus aigrie, qu'elle avoit efpéré plus long-tems.

A ces nouveaux schismes se joignirent les dissentions de plusieurs corps, qui en France même ne peuvent se concilier dans la marine du roi, la plume & l'épée, & enfin l'esprit de chacun des corps militaires & d'administration, qui n'étant point, comme en Europe, dissipé par les plaisirs ou par les affaires générales, s'isole & se nourrit de ses propres inquiétudes.

La discorde règne dans toutes les classes, & a banni de cette île l'amour de la société, qui semble devoir régner parmi des François exilés au milieu des mers, aux extrêmités du monde. Tous sont mécontens, tous voudroient faire fortune & s'en aller bien vîte. A les entendre, chacun s'en va l'année prochaine. Il y en a qui depuis trente ans tiennent ce langage.

L'officier qui arrive d'Europe y perd bientôt l'émulation militaire. Pour l'ordinaire il a peu d'argent, & il manque de tout : sa case n'a point de meubles ; les vivres sont très-chers en détail ; il se trouve seul consommateur entre l'habitant & le marchand, qui renchérissent à l'envi Il fait d'abord contr'eux une guerre défensive ; il achète en gros ; il songe à profiter des occasions, car les marchandises haussent au double, après le départ des vaisseaux. Le voilà occupé à saisir tous les moyens d'acheter à bon marché. Quand il commence à jouir des fruits de son economie, il pense qu'il est expatrié pour un tems illimité dans un pays pauvre : l'oisiveté, le défaut de société, l'appât du commerce l'engagent à faire par intérêt ce qu'il avoit d'abord fait par nécessité. Il y a sans doute des exceptions, & je les citerois avec plaisir, si elles n'étoient pas un peu nombreuses. Le commandant actuel y donne l'exemple de toutes les vertus.

Les soldats fournissent beaucoup d'ouvriers, car la chaleur permet aux blancs d'y travailler en plein air. On n'a pas tiré d'eux, pour le bien de cette colonie, un parti avantageux. Souvent dans les recrûes qu'on envoie d'Europe, il se trouve des misérables, coupables des plus grands crimes. Je ne conçois pas la politique qu'il peut y avoir à imaginer que ceux qui troublent une société ancienne, puissent servir à en faire fleurir une nouvelle. Souvent le désespoir prend ces malheureux ; ils s'assassinent entr'eux à coups de bayonnette.

Quoique les marins ne fassent qu'aller & venir, ils ne laissent pas d'influer beaucoup sur les mœurs de cette colonie. Leur politique est de se plaindre des lieux d'où ils sont partis, & de ceux où ils arrivent. A les entendre, le bon tems est passé, ils sont toujours ruinés :

ils ont acheté fort cher & vendu à perte. La vérité est qu'ils croient n'avoir fait aucun bénéfice, s'ils n'ont vendu à cent cinquante pour cent. La barique de vin de Bordeaux coûte jusqu'à cinq cens livres; le reste à proportion. On ne croiroit jamais que les marchandises de l'Europe se payent plus ici qu'aux Indes, & celles des Indes plus qu'en Europe. Les marins sont fort considérés des habitans, parce que les habitans en ont besoin. Leurs murmures, leurs allées & venues perpétuelles, donnent à cette île quelque chose des mœurs d'une auberge.

De tant d'hommes de différens états, résulte un peuple de différentes nations, qui se haïssent très cordialement. On n'y estime que la fausseté ; pour y désigner un homme d'esprit, on dit c'est un homme fin. C'est un éloge qui ne convient qu'à des renards. La finesse est un vice, & malheur à la société où il devient une qualité estimable. D'un autre côté on n'y aime point les gens méfians ; cela paroît se contredire ; mais c'est qu'il n'y a rien à gagner avec des gens qui sont sur leurs gardes. Le méfiant déconcerte les fripons & les repousse. Ils se rassemblent auprès de l'homme fin : ils l'aident à faire des dupes.

On y est d'une insensibilité extrême pour tout ce qui fait le bonheur des ames honnêtes. Nul goût pour les lettres & les arts. Les sentimens naturels y sont dépravés : on regrette la patrie à cause de l'opéra & des courtisannes ; souvent ils sont éteints. J'étois un jour à l'enterrement d'un habitant considérable où personne n'étoit affligé : j'entendis son beau-frère remarquer qu'on n'avoit pas fait la fosse assez profonde.

Cette indifférence s'étend à tout ce qui les environne. Les rues & les cours ne sont ni pavées, ni plantées d'arbres ; les maisons sont des pavillons de bois que l'on peut aisément transporter sur des rouleaux ; il n'y a aux fenêtres ni vitres, ni rideaux. A peine y trouve-t-on quelques mauvais meubles.

Les gens oisifs se rassemblent sur la place à midi & au soir ; là on agiote : on médit, on calomnie. Il y a très-peu de gens mariés à la ville. Ceux qui ne sont pas riches s'excusent sur la médiocrité de leur fortune : les autres veulent, disent-ils, s'établir en France ; mais la facilité de séduire les négresses, en est la véritable raison. D'ailleurs il y a peu de partis avantageux ; il est rare de trouver une fille qui apporte dix mille francs comptant en mariage.

La plupart des gens mariés vivent sur leurs habitations. Les femmes ne viennent guère à la ville que pour danser ou faire leurs pâques. Elles aiment la danse avec passion.

Dès qu'il y a un bal, elles arrivent en foule voiturées en palanquin. C'est une espèce de litière enfilée d'un long bambou que quatre noirs portent sur leurs épaules : quatre autres les suivent pour les relayer. Autant d'enfans, autant de voitures attelées de huit hommes, y compris les relais. Les maris économes s'opposent à ces voyages qui dérangent les travaux de l'habitation; mais faute de chemins, il ne peut y avoir de voitures roulantes.

Les femmes sont bien faites, & la plupart jolies. Elles ont naturellement de l'esprit : si leur éducation étoit moins négligée, leur société seroit fort agréable : mais j'en ai connu qui ne savoient pas lire.

Chacune d'elles pouvant réunir à la ville un grand nombre d'hommes, les maîtresses de maison se soucient peu de se voir hors le tems du bal. Lorsqu'elles sont rassemblées, elles ne se parlent point. Chacune d'elles apporte quelques prétentions secrettes qu'elle tire de la fortune, des emplois ou de la naissance de son mari ; d'autres comptent sur leur beauté ou leur jeunesse ; une Européenne se croit supérieure à une créole, & celle-ci regarde souvent l'autre comme une avanturière.

Quoi qu'en dise la médisance, je les crois plus vertueuses que les hommes, qui ne les négligent que trop souvent pour des esclaves noires.

Celles qui ont de la vertu font d'autant plus louables, qu'elles ne la doivent point à leur éducation. Elles ont à combattre la chaleur du climat, quelquefois l'indifférence de leurs maris, & souvent l'ardeur & la prodigalité des jeunes marin si l'hymen donc se plaint de quelques infidélités, la faute en est à nous qui avons porté des mœurs Françoises sous le ciel de l'Afrique.

Au reste elles ont des qualités domestiques très-estimables, elles sont fort sobres, ne boivent presque jamais que de l'eau. Leur propreté est extrême dans leurs habits. Elles sont habillées de mousseline, doublée de tafetas couleur de rose.

Elles aiment paſſionément leurs enfans. A peine ſont-ils nés, qu'ils courent tout nuds dans la maiſon : jamais de maillot : on les baigne ſouvent, ils mangent des fruits à diſcrétion ; point d'études, point de chagrin. En peu de tems ils deviennent forts & robuſtes. Le tempérament s'y développe de bonne heure dans les deux ſexes : j'y ai vu marier des filles à onze ans.

Cette éducation, qui ſe rapproche de la nature, leur en laiſſe toute l'ignorance ; mais les vices des négreſſes, qu'ils ſucent avec leur lait & leurs fantaiſies qu'ils exercent avec tyrannie ſur les pauvres eſclaves, y ajoutent toute la dépravation

dépravation de la société. Pour remédier à ce mal, les gens aifés font paffer de bonne heure leurs enfans en France, d'où ils reviennent fouvent avec des vices plus aimables & plus dangereux.

On ne compte guère que quatre cens cultivateurs dans l'île. Il y a environ cent femmes d'un certain état, & dix d'entr'elles, tout au plus, reftent à la ville. Vers le foir on va en vifite dans leurs maifons : on joue, ou l'on s'ennuie. Au coup de canon de huit heures, chacun fe retire & va fouper chez foi. En parlant des hommes, il me fâche de n'avoir que des fatires à faire.

Dans le refte de la population

de cette île, on compte les Indiens & les nègres.

Les premiers sont les Malabares. C'est un peuple fort doux. Ils viennent de Pondichéry, où ils se louent pour plusieurs années. Ils sont presque tous ouvriers. Ils occupent un fauxbourg appelé le Camp des Noirs. Ce peuple est d'une teinte plus foncée que les insulaires de Madagascar, qui sont de véritables nègres; mais leurs traits sont réguliers comme ceux des Européens, & ils n'ont point les cheveux crépus. Ils sont assez sobres, fort économes & aiment passionnément les femmes. Ils sont coéffés d'un turban, & portent de longues robes de mousseline, de grands anneaux d'or aux oreilles, & des bracelets d'argent aux poignets. Il y en a qui se louent aux gens riches, ou titrés en qualité de *Pions*. C'est une espèce de domestique qui fait à-peu-près l'office de nos coureurs, excepté qu'il fait toutes ses commissions fort gravement. Il porte pour marque de distinction une canne à la main, & un poignard à la ceinture. Il seroit à souhaiter qu'il y eût un grand nombre de Malabares établis dans l'île, surtout de la caste des laboureurs; mais je n'en ai vu aucun qui voulût se livrer à l'agriculture.

C'est à Madagascar qu'on va chercher les noirs, destinés à la culture des terres. On achète un homme pour un baril de poudre, pour des fusils, des toiles & sur-tout des piastres. Le plus cher ne coûte guère que cinquante écus.

Cette nation n'a ni le nez si écrasé, ni la teinte si noire que celle des nègres de Guinée. Il y en a même qui ne sont que bruns; quelques-uns, comme les Balambuns, ont les cheveux longs. J'en ai vu de blonds & de roux. Ils sont adroits, intelligens, sensibles à l'honneur & à la reconnoissance: la plus grande insulte qu'on puisse faire à un noir, est d'injurier sa famille: ils sont peu sensibles aux injures personnelles. Ils font dans leur pays quantité de petits ouvrages avec beaucoup d'industrie. Leur jagaye ou demi-pique est très-bien forgée quoiqu'ils n'aient que des pierres pour enclume & pour marteau.

Leurs toiles ou pagnes, que leurs femmes ourdissent, sont très-fines & bien teintes. Ils les tournent autour d'eux avec grace. Leur coëffure est une frisure très-composée; ce sont des étages de boucles & de tresses entremêlées avec beaucoup d'art ; c'est encore l'ouvrage des femmes. Ils aiment passionnément la danse & la musique. Leur instrument est le tamtam; c'est une espèce d'arc où est adaptée une calebasse. Ils en tirent une sorte d'harmonie douce dont ils accompagnent les chansons qu'ils composent. L'amour en est toujours le sujet. Les filles dansent aux chansons de leurs amans ; les spectateurs battent la mesure & applaudissent. Ils sont très-hospitaliers. Un noir qui voyage entre, sans être connu, dans la première cabane ; ceux qu'il y trouve partagent leurs vivres avec lui : on ne lui demande ni d'où il vient, ni où il va ; c'est leur usage.

Ils arrivent avec ces arts & ces mœurs à l'île de France. On les débarque tout nuds avec un chiffon autour des reins. On met les hommes d'un côté, & les femmes à part avec leurs petits enfans qui se pressent de frayeur contre leurs mères. L'habitant les visite par-tout, & achète ceux qui lui conviennent. Les frères, les sœurs, les amis, les amans sont séparés; ils se font leurs adieux en pleurant, & partent pour l'habitation. Quelquefois ils se désespèrent; ils s'imaginent que les blancs les vont manger; qu'ils font du vin rouge avec leur sang & de la poudre à canon avec leurs os.

Voici comme on les traite. Au point du jour trois coups de fouet font le signal qui les appelle à l'ouvrage. Chacun se rend avec sa pioche dans les plantations où ils travaillent presque nuds à l'ardeur du soleil. On leur donne pour nourriture du mahis broyé, cuit à l'eau,

C iv

ou des pains de manioc; pour habit un morceau de toile.

A la moindre négligence, on les attache par les pieds & par les mains fur une échelle. Le commandeur, armé d'un fouet de poste, leur donne, fur le derrière nud, cinquante, cent & jufqu'à deux cens coups. Chaque coup enlève une portion de la peau. Enfuite on détache le miférable tout fanglant; on lui met au cou un collier de fer à trois pointes, & on le ramène au travail. Il y en a qui font plus d'un mois avant d'être en état de s'affeoir. Les femmes font punies de la même manière.

Le foir, de retour dans leurs cafes, on les fait prier dieu pour la prospérité de leurs maîtres. Avant de se coucher ils leur souhaitent une bonne nuit.

Il y a une loi faite en leur faveur appelée le Code noir. Cette loi favorable ordonne qu'à chaque punition ils ne recevront pas plus de trente coups, qu'ils ne travailleront point le dimanche, qu'on leur donnera de la viande toutes les semaines, des chemises tous les ans; mais on ne suit point la loi. Quelquefois quand ils sont vieux, on les envoie chercher leur vie comme ils peuvent. Un jour j'en vis un qui n'avoit que la peau & les os, découper la chair d'un cheval mort pour la manger. C'étoit un squelette qui en dévoroit un autre.

Quand les Européens paroissent émus, les habitans leur disent qu'ils ne connoissent pas les noirs. Ils les accusent d'être si gourmands, qu'ils vont la nuit enlever des vivres dans les habitations voisines, si paresseux, qu'ils ne prennent aucun intérêt aux affaires de leurs maîtres, & que leurs femmes sont des mères de famille si misérables, qu'elles aiment mieux se faire avorter que de mettre des enfans au monde.

Le caractère des nègres est naturellement enjoué, mais après quelque tems d'esclavage, ils deviennent mélancoliques. L'amour seul semble encore charmer leurs peines. Ils font ce qu'ils peuvent pour obtenir une femme. S'ils ont le choix, ils préfèrent celles qui ont passé la première jeunesse : ils disent qu'elles font mieux la soupe. Ils lui donnent tout ce qu'ils possèdent. Si leur maîtresse demeure chez un autre habitant, ils feront la nuit trois ou quatre lieues dans des chemins impraticables pour l'aller voir. Quand ils aiment, ils ne craignent ni la fatigue, ni les châtimens. Quelquefois ils se donnent des rendez-vous au milieu de la nuit. Ils dansent à l'abri de quelque rocher, au son lugubre d'une calebasse remplie de pois : mais la vue d'un blanc ou l'aboiement d'un chien dissipe ces assemblées nocturnes.

Ils ont auſſi des chiens avec eux. Il eſt connu de tout le monde, que ces animaux reconnoiſſent parfaitement dans les ténèbres, non-ſeulement les blancs, mais les chiens même des blancs. Ils ont pour eux de la crainte & de l'averſion : ils heurlent dès qu'ils approchent. Ils n'ont d'indulgence que pour les noirs & leurs compagnons qu'ils ne décèlent jamais. Les chiens des blancs de leur côté ont adopté les ſentimens de leurs maîtres, & au moindre ſignal ils ſe jettent avec fureur ſur les eſclaves.

Enfin lorſque les noirs ne peuvent plus ſupporter leur ſort, ils ſe livrent au déſeſpoir. Les uns ſe pendent ou s'empoiſonnent, d'autres se mettent dans une pirogue, & sans voiles, sans vivres, sans boussole, se hasardent à faire un trajet de deux cens lieues de mer pour retourner à Madagascar. On en a vu aborder ; on les a repris & rendus à leurs maîtres.

Pour l'ordinaire ils se refugient dans les bois, où on leur donne la chasse avec des détachemens de soldats, de nègres & de chiens. Il y a des habitans qui s'en font une partie de plaisir. On les relance comme des bêtes sauvages. Lorsqu'on ne peut les atteindre, on les tire à coup de fusil, on leur coupe la tête, on la porte en triomphe à la ville au bout d'un bâton. C'est ce qu'on voit ici presque toutes les semaines.

Quand on attrape les noirs fugitifs, on leur coupe une oreille & on les fouette. A la seconde désertion ils sont fouettés, on leur coupe un jarret, on les met à la chaîne. A la troisième fois ils sont pendus ; mais alors on ne les dénonce pas : les maîtres craignent de perdre leur argent.

J'en ai vu pendre & rompre vifs. Ils alloient au supplice avec joie, & le supportoient sans crier. J'ai vu une femme se jetter elle-même du haut de l'échelle. Ils croient qu'ils trouveront dans un autre monde une vie plus heureuse, & que le père des hommes n'est pas injuste comme eux.

Ce n'est pas que la religion ne

cherche à les consoler. De tems en tems on en baptise, on leur dit qu'ils sont devenus frères des blancs & qu'ils iront en paradis. Mais ils ne sauroient croire que les Européens puissent jamais les mener au ciel ; ils disent qu'ils sont sur la terre la cause de tous leurs maux. Ils disent qu'avant d'aborder chez eux, ils se battoient avec des bâtons ferrés ; que nous leur avons appris à se tuer de loin avec du feu & des balles : que nous excitons parmi eux la discorde, afin d'avoir des esclaves à bon marché : qu'ils suivoient sans crainte l'instinct de la nature ; que nous les avons empoisonnés par des maladies terribles ; que nous les laissons souvent manquer d'habits, de vivres, & qu'on les bat cruellement fans raifon. J'en ai vu plus d'un exemple. Une efclave prefque blanche vint un jour fe jetter à mes pieds : fa maîtreffe la faifoit lever de grand matin & veiller fort tard; lorfqu'elle s'endormoit, elle lui frottoit les lèvres d'ordures ; fi elle ne fe léchoit pas, elle la faifoit fouetter. Elle me prioit de demander fa grace, que j'obtins. Souvent les maîtres l'accordent, & deux jours après, ils doublent la punition. C'eft ce que j'ai vu chez un confeiller dont les noirs s'étoient plaints au gouverneur. Il m'affuroit qu'il les feroit écorcher le lendemain de la tête aux pieds.

J'ai vu chaque jour fouetter des hommes & des femmes pour avoir caffé quelque poterie, oublier de fermer une porte. J'en ai vu de tout fanglants frottés de vinaigre & de fel pour les guérir. J'en ai vu fur le port dans l'excès de leur douleur, ne pouvoir plus crier ; d'autres mordre le canon fur lequel on les attache..... ma plume fe laffe d'écrire ces horreurs ; mes yeux font fatigués de les voir, & mes oreilles de les entendre. Que vous êtes heureux ! Quand les maux de la ville vous bleffent, vous fuyez à la campagne. Vous y voyez de belles plaines, des collines, des hameaux, des moiffons, des vendanges, un peuple qui danfe & qui chante ; l'image au moins du bonheur ! Ici, je vois de pauvres négresses courbées sur leurs bêches avec leurs enfans nuds, collés sur le dos, des noirs qui passent en tremblant devant moi; quelquefois j'entends au loin le son de leur tambour, mais plus souvent celui des fouets qui éclatent en l'air comme des coups de pistolet, & des cris qui vont au cœur... Grace, Monsieur !... miséricorde ! Si je m'enfonce dans les solitudes, j'y trouve une terre raboteuse, toute hérissée de rochers, des montagnes portant au-dessus des nuages leurs sommets inaccessibles, & des torrens qui se précipitent dans des abîmes. Les vents qui grondent dans ces vallons sauvages, le bruit sourd des flots qui se brisent sur les rescifs, cette vaste mer qui s'étend au loin vers des régions inconnues aux hommes, tout me jette dans la tristesse, & ne porte dans mon ame que des idées d'exil & d'abandon.

P. S. Je ne sais si le caffé & le sucre sont nécessaires au bonheur de l'Europe, mais je sais bien que ces deux végétaux ont fait le malheur de deux parties du monde. On a dépeuplé l'Amérique afin d'avoir une terre pour planter : on dépeuple l'Afrique, afin d'avoir une nation pour les cultiver.

Il est, dit-on, de notre intérêt de cultiver des denrées qui nous sont devenues nécessaires, plutôt que de les acheter de nos voisins. Mais puisque les charpentiers, les couvreurs, les maçons & les autres ouvriers Européens travaillent ici en plein soleil, pourquoi n'y a-t-on pas des laboureurs blancs ! mais que deviendroient les propriétaires actuels ? Ils deviendroient plus riches. Un habitant seroit à son aise avec vingt fermiers, il est pauvre avec vingt esclaves. On en compte ici vingt mille qu'on est obligé de renouveller, tous les ans d'un dix-huitième. Ainsi la colonie abandonnée à elle-même, se détruiroit au bout de dix-huit ans ; tant il est vrai qu'il n'y a point de population sans liberté & propriété, &

que l'injuſtice eſt une mauvaiſe ménagère.

On dit que le Code noir eſt fait en leur faveur. Soit ; mais la dureté des maîtres excède les punitions permiſes, & leur avarice fouſtrait la nourriture, le repos & les récompenſes qui font dues. Si ces malheureux vouloient ſe plaindre, à qui ſe plaindroient-ils ? Leurs juges ſont ſouvent leurs premiers tyrans.

Mais on ne peut contenir, dit-on, que par une grande ſévérité ce peuple d'eſclaves : il faut des ſupplices, des colliers de fer à trois crochets, des fouets, des blocs où on les attache par le pied, des chaînes qui les prennent par le cou; il faut les traiter comme des bêtes, afin que les blancs puissent vivre comme des hommes... Ah! je sais bien que quand on a une fois posé un principe très-injuste, on n'en tire que des conséquences très-inhumaines.

Ce n'étoit pas assez pour ces malheureux d'être livrés à l'avarice & à la cruauté des hommes les plus dépravés, il falloit encore qu'ils fussent le jouet de leurs sophismes.

Des théologiens assurent que pour un esclavage temporel, ils leur procurent une liberté spirituelle. Mais la plupart sont achetés dans un âge où ils ne peuvent jamais apprendre le françois, & les misfionnaires n'apprennent point leur langue. D'ailleurs ceux qui font baptifés font traités comme les autres.

Ils ajoutent qu'ils ont mérité les châtimens du ciel, en fe vendant les uns les autres. Eft-ce donc à nous à être leurs bourreaux ? laiffons les vautours détruire les milans.

Des politiques ont excufé l'efclavage en difant que la guerre le juftifioit. Mais les noirs ne nous la font point. Je conviens que les loix humaines le permettent : au moins devroit-on fe renfermer dans les bornes qu'elles prefcrivent.

Je fuis fâché que des philofophes qui combattoient les abus avec tant de courage, aient commencé si tard à parler de l'esclavage des noirs. Ils se détournoient au loin. Ils parloient de la saint Barthelemi, du massacre des Méxicains par les Espagnols, comme si ce crime n'étoit pas de nos jours, & que la moitié de l'Europe n'y eût pris aucune part. Y a-t-il donc plus de mal à tuer tout d'un coup des gens qui n'ont pas nos opinions, qu'à faire le tourment d'une nation à qui nous devons nos délices? Ces belles couleurs de rose & de feu dont s'habillent nos dames, le coton dont elles oüattent leurs jupes, le sucre, le caffé, le chocolat de leur déjeûner, le rouge dont elles relèvent leur blancheur, la main

des

des malheureux noirs a préparé tout cela pour elles. Femmes senfibles, vous pleurez aux tragédies, & ce qui fert à vos plaifirs eft mouillé des pleurs, & teint du fang des hommes!

LETTRE XX.

Du Port-Louis.

Deux curieux d'hiftoire naturelle me proposèrent d'aller voir à une lieue & demie d'ici une caverne confidérable, j'y confentis. Nous nous rendîmes d'abord à la grande rivière. Cette grande rivière, comme toutes celles de cette île, n'eft qu'un large ruifleau qu'une chaloupe ne remonteroit pas à une portée de fufil de fon embouchure.

Il y a là un petit établissement formé d'un hôpital & de quelques magasins, & c'est là aussi où commence l'aqueduc qui conduit les eaux à la ville. On voit, sur une petite hauteur en pain de sucre, une espèce de fort qui défend la baye.

Après avoir passé la grande rivière, nous prîmes pour guide le meûnier du lieu. Nous marchâmes environ trois quarts-d'heure à l'ouest au milieu des bois. Comme nous étions en plaine, je me croyois fort éloigné de la caverne dont je suppofois l'ouverture au flanc de quelque montagne, lorsque nous la trouvâmes, fans y penser, à nos pieds. Elle ressemble au trou d'une cave dont la voûte se seroit éboulée. Plusieurs racines de mapou descendent perpendiculairement & barrent une partie de l'entrée. On avoit cloué au ceintre une tête de bœuf.

Avant de descendre dans cet abîme, on déjeûna. Après quoi on alluma de la bougie & des flambeaux, & nous nous munîmes de briquets pour faire du feu.

Nous descendîmes une douzaine de pas sur les rochers qui en bouchent l'ouverture, & je me trouvai dans le plus vaste souterrain que j'aie vu de ma vie. Sa voûte est formée d'un roc noir, en arc surbaissé. Sa largeur est d'environ trente pieds & sa hauteur de vingt. Le sol en est fort uni, il est couvert d'une terre fine que les eaux des pluies y ont déposée. De chaque côté de la caverne, à hauteur d'appui, règne un gros cordon avec des moulures. Je le crois l'ouvrage des eaux qui y coulent dans la saison des pluies à différens niveaux. Je confirmai cette observation par la vue de plusieurs débris de coquilles terrestres & fluviatiles. Cependant les gens du pays croient que c'est un ancien soupirail de volcan. Il me paroît plutôt que c'est l'ancien lit d'une rivière souterraine. La voûte est enduite d'un vernis luisant & sec, espèce de concrétion pierreuse qui s'étend sur les parois, & en quelques endroits sur le sol même. Il y forme des stalactites ferrugineuses qui se brisoient sous nos pieds comme si nous eussions marché sur une croute de glace.

Nous marchâmes assez long-tems, trouvant le terrein parfaitement sec, excepté à trois cens pas de l'entrée par où une partie de la voûte est éboulée. Les eaux supérieures filtroient à travers les terres & formoient quelques flaques sur le sol.

Delà la voûte alloit toujours en baissant. Insensiblement, nous étions obligés de marcher sur les pieds & sur les mains: la chaleur m'étouffoit; je ne voulois pas aller plus loin. Mes compagnons plus lestes & en déshabillé convenable continuèrent leur route.

En retournant fur mes pas, je trouvai une racine groſſe comme le doigt, attachée à la voûte par de très-petits filamens. Elle avoit plus de dix pieds de longueur, ſans branches ni feuilles, ni apparence qu'elle en eût jamais eu : elle étoit entière à ſes deux bouts. Je la crois une plante d'une eſpèce ſingulière. Elle étoit remplie d'un ſuc laiteux.

Je revins donc à l'entrée de la grotte où je m'aſſis pour reſpirer librement. Au bout de quelque tems j'entendis un bourdonnement ſourd, & je vis, à la lueur des flambeaux portés par des nègres, apparoître nos voyageurs en bonnet, en chemiſe, en caleçon, ſi sale & si rouge qu'on les eût pris pour quelques personnages de tragédie Angloise. Ils étoient baignés de sueur & tout barbouillés de cette terre rouge, sur laquelle ils s'étoient traînés sur le ventre sans pouvoir aller plus loin.

Cette caverne se bouche de plus en plus. Il me semble qu'on en pourroit faire de magnifiques magasins, en la coupant de murs pour empêcher les eaux d'y entrer.

Nous revînmes le soir à la ville.

Cette course me mit en goût d'en faire d'autres. Il y avoit longtems que j'étois invité par un habitant de la rivière Noire à l'aller voir : il demeure à sept lieues du

Port-Louis Je profitai de fa pirogue qui venoit toutes les femaines au port. Le patron vint m'avertir, & je m'embarquai à minuit. La pirogue eft une efpèce de bateau formé d'une feule pièce de bois, qui va à la rame & à la voile. Nous y étions neuf perfonnes.

A minuit & demi nous fortîmes du port en ramant. La mer étoit fort houleufe, elle brifoit beaucoup fur les récifs. Souvent nous paffions dans leur écume fans les appercevoir; car la nuit étoit fort obfcure. Le patron me dit qu'il ne pouvoit pas continuer fa route avant que le jour fût venu, & qu'il alloit mettre à terre.

Nous pouvions avoir fait une

lieue & demie; il vint mouiller un peu au-deſſous de la petite rivière. Les noirs me deſcendirent au rivage ſur leurs épaules : après quoi ils prirent deux morceaux de bois, l'un de veloutier, l'autre de bambou, & ils allumèrent du feu en les frottant l'un contre l'autre. Cette méthode eſt bien ancienne; les Romains s'en ſervoient. Pline dit qu'il n'y a rien de meilleur que le bois de lierre frotté avec le bois de laurier.

Nos gens s'aſſirent autour du feu en fumant leur pipe. C'eſt une eſpèce de creuſet au bout d'un gros roſeau; ils ſe le prêtent tour-à-tour. Je leur fis diſtribuer de l'eau-de-vie, & je fus me coucher sur le sable enveloppé de mon manteau.

On me réveilla à cinq heures pour me rembarquer. Le jour ayant paru, je vis le sommet des montagnes couvert de nuages épais qui couroient rapidement; le vent chassoit la brume dans les vallons: la mer blanchissoit au large: la pirogue portoit ses deux voiles & alloit très-vîte.

Quand nous fûmes à l'endroit de la côte, appelé *Flic-en-Flacq*, environ à une demi-lieue de terre, nous trouvâmes une lame à la potence, & nous fûmes chargés de plusieurs rafales qui nous obligèrent d'amener nos voiles. Le patron me dit dans son mauvais patois : « Ça n'a pas bon Monsié ». Je lui demandai s'il y avoit quelque danger : il me répondit deux fois, « si nous n'a pas gagné malheur, » ça bon ». Enfin il me dit qu'il y avoit quinze jours qu'au même endroit la pirogue avoit tourné, & qu'il s'étoit noyé un de ses camarades.

Nous avions le rivage au vent, tout bordé de rochers, où il n'est pas possible de débarquer; d'arriver au vent, cette manœuvre nous portoit au-dessous de l'île que nous n'eussions jamais rattrapée : il falloit tenir bon. Nous étions à la rame, ne pouvant plus porter de voiles. Le ciel se chargeoit de plus en plus, il falloit se hâter. Je fis boire de l'eau-de-vie à mes rameurs ; après quoi, à force de bras & au risque d'être vingt fois submergés, nous sortîmes des lames, & nous parvînmes à nous mettre à l'abri du vent, en longeant la terre entre les récifs & le rivage.

Pendant le mauvais tems, les noirs eurent l'air aussi tranquille que s'ils eussent été à terre. Ils croient à la fatalité. Ils ont pour la vie une indifférence qui vaut bien notre philosophie.

Je descendis à l'embouchure de la rivière Noire sur les neuf heures du matin, le maître de l'habitation ne comptoit pas ce jour-là sur le retour de sa pirogue ; j'en fus comblé

blé d'amitié. Son terrein comprend tout le vallon où coule la rivière. Il est mal figuré sur la carte de l'abbé de la Caille : on y a oublié une branche de montagne sise sur la rive droite qui prend au morne du Tamarin. De plus, le cours de la rivière n'est pas en ligne droite; à une petite lieue de son embouchure, il tourne sur la gauche. Ce savant astronome ne s'est assujetti qu'au circuit de l'île. J'ai fait quelques additions sur son plan, afin de tirer quelques fruits de mes courses.

Tout abonde à la rivière Noire; le gibier, les cerfs, le poisson d'eau-douce & celui de mer. Un jour, à table, on vint nous avertir qu'on avoit vu des lamantins dans la baie : aussi-tôt nous y courûmes. On tendit des filets à l'entrée, & après en avoir rapproché les deux bouts sur le rivage, nous y trouvâmes des raies, des carangues, des sabres & trois tortues de mer. Les lamantins s'étoient échappés.

Il règne beaucoup d'ordre dans cette habitation, ainsi que dans toutes celles où j'ai été. Les cases des noirs sont alignées comme les tentes d'un camp. Chacun a un petit coin de jardin où croissent du tabac & des courges. On y élève beaucoup de volailles & des troupeaux. Les sauterelles font un tort infini aux récoltes. Les denrées se transportent difficilement à la ville, parce que les chemins font impraticables par terre, & que par mer le vent est toujours contraire pour aller au port.

Après m'être reposé quelques jours, je résolus de revenir à la ville en faisant un circuit par les plaines de Villiams. Le maître de la maison me donna un guide & me prêta une paire de pistolets, dans la crainte des noirs Marons.

Je partis à deux heures après midi pour aller coucher à Palma, habitation située à trois lieues de là. Il n'y a que des sentiers au milieu des rochers; il faut nécessairement aller à pied. Quand j'eus monté & descendu la chaîne des montagnes de la rivière Noire, je me trouvai dans de grands bois où il n'y a presque rien de défriché. Le sentier me conduisit à une habitation qui se trouve la seule de ces quartiers : il passe précisément à côté de la maison. Le maître étoit sur sa porte, les jambes nues, les bras retroussés, en chemise & en caleçon. Il s'amusoit à frotter un singe avec des mûres rouges de Madagascar : lui-même étoit tout barbouillé de cette couleur. Cet homme étoit Européen, & avoit joui en France d'une fortune considérable qu'il avoit dissipée. Il menoit là une vie triste & pauvre au milieu des forêts avec quelques Noirs, & sur un terrein qui n'étoit pas à lui.

De là, après une demi-lieue de marche, j'arrivai sur le bord de la rivière du Tamarin, dont les eaux couloient avec grand bruit dans un lit de rochers. Mon Noir trouva un gué & me passa sur ses épaules. Je voyois devant moi la montagne fort élevée des trois Mammelles, & c'étoit de l'autre côté qu'étoit l'habitation de Palma. Mon guide me faisoit longer cette montagne en m'assurant que nous ne tarderions pas à trouver les sentiers qui mènent au sommet. Nous la dépassâmes après avoir marché plus d'une heure : je vis mon homme déconcerté; je revins sur mes pas, & j'arrivai au pied de la montagne, lorsque le soleil alloit se coucher.

J'étois très-fatigué ; j'avois soif : si j'avois eu de l'eau, je serois resté là pour y passer la nuit.

Je pris mon parti. Je résolus de monter à travers les bois, quoique je ne visse aucune espèce de chemin. Me voilà donc à gravir dans les rochers, tantôt me tenant aux arbres, tantôt soutenu par mon Noir qui marchoit derrière moi. Je n'avois pas marché une demi-heure que la nuit vint : alors je n'eus plus d'autre guide que la pente même de la montagne. Il ne faisoit point de vent, l'air étoit chaud ; je ne saurois vous dire ce que je souffris de la soif & de la fatigue. Plusieurs fois je me couchai résolu d'en rester-là. Enfin, après des peines incroyables, je m'apperçus que je ceſſois de monter : bientôt après je ſentis au viſage une fraîcheur de vent de ſud-eſt, & je vis au loin des feux dans la campagne. Le côté que je quittois étoit couvert d'une obſcurité profonde.

Je deſcendis en me laiſſant gliſſer ſouvent malgré moi. Je me guidois au bruit d'un ruiſſeau où je parvins enfin tout briſé. Quoique tout en ſueur, je bus à diſcrétion ; & ayant ſenti de l'herbe ſous ma main, je trouvai pour ſurcroît de bonheur, que c'étoit du creſſon, dont je dévorai pluſieurs poignées. Je continuai ma marche vers le feu que j'apperceyois, ayant la précaution de tenir mes piſtolets armés, dans la crainte que ce ne fût une assemblée de Noirs Marons : c'étoit un défriché dont plusieurs troncs d'arbres étoient en feu. Je n'y trouvai personne ; en vain je prêtois l'oreille & je criois, dans l'espérance au moins que quelque chien aboieroit ; je n'entendis que le bruit éloigné du ruisseau, & le murmure sourd du vent dans les arbres.

Mon Noir & mon guide prirent des tisons allumés, & avec cette foible clarté, nous marchâmes dans les cendres de ce défriché vers un autre feu plus éloigné. Nous y trouvâmes trois nègres qui gardoient des troupeaux. Ils appartenoient à un habitant voisin de Palma ; l'un d'eux se détacha &

m'y conduisit. Il étoit minuit, tout le monde dormoit, le maître étoit absent ; mais le Noir économe m'offrit tout ce que je voulus. Je partis de grand matin pour me rendre à deux lieues de là, chez un habitant du haut des plaines de Williams : je trouvai par-tout de grandes routes bien ouvertes. Je longeai la montagne du corps-de-garde qui est toute escarpée, & j'arrivai de bonne heure chez mon hôte, qui me reçut avec toute sorte d'amitié.

L'air, dans cette partie, est beaucoup plus frais qu'au port & qu'au lieu que je quittois. Je me chauffois le soir avec plaisir. C'est un des quartiers de l'île le mieux

E v

cultivé. Il est arrosé de beaucoup de ruisseaux, dont quelques-uns, comme celui de la rivière profonde, coulent dans des ravins d'une profondeur effrayante. Je m'en approchai en retournant à la ville ; le chemin passe très-près du bord ; je m'estimois à plus de trois cents pieds d'élévation de son lit. Les côtés sont couverts de cinq ou six étages de grands arbres : cette vue donne des vertiges.

A mesure que je descendois vers la ville, je sentois la chaleur renaître, & je voyois les herbes perdre insensiblement leur verdure, jusqu'au port où tout est sec.

LETTRE XXI.

Du Port-Louis.

UN officier m'avoit proposé, Madame, de faire le tour de l'île à pied: mais quelques jours avant le départ, il s'excusa : je résolus d'exécuter seul ce projet.

Je pouvois compter sur le Noir qui m'avoit déjà accompagné ; il étoit petit, mais il étoit robuste. C'étoit un homme d'une fidélité éprouvée, parlant peu, sobre & ne s'étonnant de rien.

J'avois acheté un esclave depuis peu, à qui j'avois donné votre nom, Madame, comme d'un bon augure pour lui. Il étoit bien fait, d'une figure intéressante, mais d'une complexion délicate ; il ne parloit point françois.

Je pouvois encore compter sur mon chien, pour veiller la nuit & aller le jour à la découverte.

Comme je savois bien que je serois plus d'une fois seul, sans gîte dans les bois, je me pourvus de tout ce que je crus nécessaire pour moi & pour mes gens. Je fis mettre à part une marmitte, quelques plats, dix-huit livres de riz, douze livres de biscuit, autant de maïs, douze bouteilles de vin, six bouteilles d'eau-de-vie, du beurre, du sucre, des citrons, du sel, du tabac, un petit hamac de coton, un peu de linge, un plan de l'île dans un bambou, quelques livres, un sabre, un manteau : le tout ensemble pesoit deux cens livres. Je partageai toute ma cargaison en quatre paniers ; deux de soixante livres & deux de quarante. Je les fis attacher au bout de deux forts roseaux. Mon Noir se chargea du poids le plus fort, Duval prit l'autre. Pour moi j'étois en veste, & je portois un fusil à deux coups, une paire de pistolets de poche & mon couteau de chasse.

Je résolus de commencer mon voyage par la partie qui est sous le vent. Je me proposai de suivre constamment le bord de la mer, afin de me faire un systéme de la défense de l'île, & de recueillir, selon l'occasion, quelques observations d'histoire naturelle.

Un habitant s'offrit de m'accompagner ju'qu'à ſa terre, ſiſe à cinq lieues de la ville, aux plaines Saint-Pierre. Une autre perſonne ſe mit encore de la partie.

Nous partîmes de bon matin, nous pîmes le long du rivage. Depuis le Fort-Blanc, ſur la gauche du port ; la mer ſe répand ſur cette gréve, qui n'eſt point eſcarpée, juſqu'à la pointe de la plaine aux ſables. On a conſtruit là la batterie de Paulmi. Le débarquement ſeroit impoſſible ſur cette plage, parce qu'à deux portées de fuſil, il y a un banc de reſcifs qui la défend naturellement. Depuis la batterie de Paulmi, le rivage s'élève à pic ; la mer y briſe de manière qu'on ne peut y aborder. Quant à la plaine, elle feroit impraticable à la cavalerie & à l'artillerie, par la quantité prodigieuſe de rochers dont elle eſt couverte. Il n'y a point d'arbres; on y voit ſeulement quelques mapous & des veloutiers : l'eſcarpement finit à la baye de la petite rivière, où il y a une petite batterie.

Nous trouvâmes là un homme de mérite trop peu employé, chez lequel nous dinâmes. Il nous fit voir le plan de la machine avec laquelle il traça un canal à un vaiſſeau échoué dans un ouragan. C'étoient deux rateaux de fer mis en action par deux grandes roues portées ſur des barques : ces roues augmentoient leur effet en agiffant fur des leviers fupportés par des radeaux.

Nous vîmes un moulin à coton de fon invention : l'eau le faifoit mouvoir. Il étoit compofé d'une multitude de petits cylindres de métal, pofés parallèlement. Des enfans préfentent le coton à deux de ces cylindres, le coton paffe & la graine refte. Ce même moulin fervoit à entretenir le vent d'une forge, à battre des grains & à faire de l'huile. Il nous apprit qu'il avoit trouvé une veine de charbon de terre, un fillon de mine de fer, une bonne terre à faire des creufets, & que les cendres des fonges, efpèce de nimphéa, brûlées avec du charbon, donnoient des verres de différentes couleurs. Nous quittâmes l'après-midi ce citoyen utile & mal récompensé.

Nous suivîmes un sentier qui s'éloigne du rivage d'une portée de fusil. Nous passâmes à gué la rivière Belle-Ile, dont l'embouchure est fort encaissée. A un quart de lieue delà, on entre dans un bois qui conduit à la terre d'un de mes compagnons. Ce terrein, qu'on appelle les plaines de Saint-Pierre, est encore plus couvert de rochers que le reste de la route. En plusieurs endroits nos Noirs étoient obligés de mettre bas leurs charges, & de nous donner la main pour grimper. Une demi-heure avant d'arriver, mon esclave ne pouvant plus supporter sa charge, la mit bas. Nous nous trouvâmes fort embarrassés, car il faisoit nuit, & les autres Noirs avoient pris les devans. Comment se retrouver au milieu des herbes & des bois ? J'allumai du feu avec mon fusil, & nous l'entretînmes avec de la paille & des branches sèches ; après quoi, nous laisâmes là mon esclave, & lorsque nous fûmes arrivés à la maison, nous envoyâmes des Noirs le chercher avec ses paniers.

Toute la côte est fort escarpée depuis la petite rivière jusqu'aux plaines Saint-Pierre. On y trouve dans les rochers la pourpre de panama, la bouche d'argent, des nérites & des oursins à longues pointes. Sur le fable on ne trouve que des débris de rames, de rouleaux & de grappes de raifins, efpèce de coraux.

Nous avions marché cinq heures le matin, & quatre heures l'après-midi.

Le lendemain nous nous reposâmes tout le jour. Tout ce terrein pierreux eft affez propre à la culture du coton, dont cependant le fil eft court. Le caffé y eft d'une bonne qualité, mais d'un foible rapport, comme dans tous les endroits fecs.

Le jour fuivant mes compagnons voulurent me fuivre jufqu'à la dînée : nous nous mîmes en route à huit heures du matin.

Nous pasſâmes d'adord la rivière du Dragon à gué ; enſuite celle du Galet de la même manière. La côte ceſſe là d'être eſcarpée, & nous eûmes le plaiſir de marcher ſur le ſable, le long de la mer, dans une grande plaine qui mène juſqu'à l'anſe du Tamarin. Elle peut avoir un quart de lieue de largeur, ſur plus d'une lieue de longueur. Il n'y croît rien. On pourroit, ce me ſemble, y planter des cocotiers, qui ſe plaiſent ſur le ſable. A droite il y a un ruiſſeau de mauvaiſe eau, qui coule le long des bois.

Nous trouvâmes dans des endroits que la mer ne couvre plus des couches de madrépores foſſiles, ce qui prouve qu'elle s'eſt éloignée de cette côte. Nous dînâmes sur la rive droite de l'anse; ensuite nous nous quittâmes en nous embrassant & nous souhaitant un bon voyage. Nous avions trouvé sur le sable des débris de harpes & d'olives très-grosses.

De la rivière Noire, il n'y avoit plus qu'une petite lieue à faire pour aller coucher à une habitation dont je connoissois le maître. Je passai d'abord à gué le fond de l'anse du Tamarin, & delà je suivis le bord de la mer avec beaucoup de fatigue : il est escarpé jusqu'à la rivière Noire. Je trouvai le long de ses rochers, beaucoup d'espèces de crables, & une espèce de boudin.

Le fond de l'anse est de sable, & on y pourroit débarquer, si ces positions rentrantes n'exposoient à des feux croisés. Une batterie à la pointe de sable de la rive droite de la rivière Noire y seroit fort utile. J'avois marché trois heures le matin, & trois heures l'après-midi.

Les jours d'après, à marée basse, je fus me promener sur le bord de la mer : j'y trouvai le grand buccin, & une espèce de faux amiral.

Je passai la première rivière Noire à gué, près de la maison ; ensuite ayant voulu couper une petite presqu'île couverte de bois & de pierres, je m'embarrassai dans les herbes, & j'eus beaucoup de peine à retrouver le sentier; il me mena sur le rivage que je côtoyai, la marée étant basse. Sur toute cette plage il y a beaucoup d'huîtres collées aux rochers : mon nouveau Noir se coupa le pied profondément, en marchant sur leurs écailles : c'étoit à l'une des deux embouchures de la petite rivière Noire. Nous fîmes halte en cet endroit. Je lui fis bassiner sa plaie, & boire de l'eau-de-vie ainsi qu'à mon autre nègre. Comme ils étoient fort chargés, je pris le parti de faire deux haltes par jour, qui coupassent mes deux courses du matin & du soir, & de leur donner alors quelques rafraîchissemens. Cette légère douceur les remplit de force & de bonne volonté : ils m'eussent volontiers suivi ainsi jusqu'au bout du monde.

Entre les deux embouchures de la rivière Noire, un cerf poursuivi par des chiens & des chasseurs, vint droit à moi. Il pleuroit & bramoit : ne pouvant pas le sauver & ne voulant pas le tuer, je tirai un de mes coups en l'air. Il fut se jetter à l'eau, où les chiens en vinrent à bout. Pline observe que cet animal pressé par une meute, vient se jetter à la merci de l'homme. Je m'arrêtai au premier ruisseau qu'on trouve après avoir passé les deux rivières Noires : il se jette à la mer, vis-à-vis un petit îlot, appelé l'îlot du Tamarin, qui n'est pas

pas sur la carte ; on y va à pied à mer basse, & à l'islot du Morne, où quelquefois l'on met les vaisseaux en quarantaine.

J'avois tout ce qui étoit nécessaire à mon dîner, hors la bonne chère. Je vis passer le long du rivage une pirogue pleine de pêcheurs Malabares. Je leur demandai s'ils n'avoient point de poissons : ils m'envoyèrent un fort beau mulet, dont ils ne voulurent pas d'argent. Je fis mettre ma cuisine au pied d'un tatamaque : j'allumai du feu : un de mes Noirs fut chercher du bois, l'autre de l'eau, celle de cet endroit étant saumâtre. Je dînai très bien de mon poisson, & j'en régalai mes gens.

J'obfervai des blocs de roche ferrugineufe, très-abondans en minéral. Il y a une bande de refcifs, qui s'étend depuis la rivière Noire jufqu'au morne Brabant qui eft la pointe de l'île, tout-à-fait fous le vent. Il n'y a qu'un paffage pour venir à terre derrière le petit iflot du Tamarin.

A deux heures après-midi je partis en mettant plus d'ordre dans ma marche. J'allois faire plus de vingt lieues dans une partie déferte de l'île, où il n'y a que deux habitans. C'eft là que fe réfugient les Noirs Marons. Je défendis à mes gens de s'écarter : mon chien même qui me devançoit toujours, ne me précédoit plus que de quelques pas;

à la moindre alerte il dreſſoit les oreilles & s'arrêtoit : il ſentoit qu'il n'y avoit plus d'hommes Nous marchâmes ainſi en bon ordre, en ſuivant le rivage, qui forme une infinité de petites anſes. A gauche, nous longions les bois, où règne la plus profonde ſolitude. Ils ſont adoſſés à une chaîne de montagnes peu élevée, dont on voit la cîme : ce terrein n'eſt pas fort bon. Nous y vîmes cependant des polchers, arbres venus des Indes, & d'autres preuves qu'on y avoit commencé des établiſſemens. J'avois eu la précaution de prendre quelques bouteilles d'eau, & je fis bien, car je trouvai les ruiſſeaux, marqués ſur le plan, abſolument deſſéchés.

J'avois des inquiétudes fur la bleffure de mon Noir, qui faignoit continuellement : je marchois à petits pas : nous fîmes une halte à quatre heures. Comme la nuit s'approchoit, je ne voulus point faire le tour du morne ; mais je le coupai dans le bois, par l'ifthme qui le joint aux autres montagnes. Cet ifthme n'eft qu'une médiocre colline. Etant fur cette hauteur je rencontrai un Noir appartenant à un habitant chez lequel j'allois defcendre & dont la maifon étoit à un quart de lieue. Cet homme nous devança pendant que je m'arrêtois avec plaifir à confidérer le fpectacle des deux mers. Une maifon placée en cet endroit y feroit dans une situation charmante ; mais il n'y a pas d'eau. Comme je defcendois ce monticule, un Noir vint au-devant de moi avec une caraffe pleine d'eau fraîche , m'annonça que l'on m'attendoit à la maifon. J'y arrivai. C'étoit une longue cafe de paliffades, couvertes de feuilles de lataniers. Toute l'habitation confiftoit en huit Noirs ; & la famille en neuf perfonnes ; le maître & la maîtreffe, cinq enfans, une jeune parente, & un ami. Le mari étoit abfent : voilà ce que j'appris avant d'entrer.

Je ne vis dans toute la maifon, qu'une feule pièce ; au milieu, la cuifine ; à une extrêmité, les magafins & les logemens des domeftiques ; à l'autre bout, le lit conjugal, couvert d'une toile, fur laquelle une poule couvoit fes œufs ; fous le lit, des canards ; des pigeons fous la feuillée, & trois gros chiens à la porte. Aux parois étoient accrochés tous les meubles qui servent au ménage ou au travail des champs. Je fus véritablement furpris de trouver dans ce mauvais logement une dame très-jolie. Elle étoit françoife, née d'une famille honnête, ainfi que fon mari. Ils étoient venus, il y avoit plufieurs années, chercher fortune : ils avoient quitté leurs parens, leurs amis, leur patrie, pour paffer leurs jours dans un lieu fauvage, où l'on ne voyoit que la mer & les efcarpemens affreux du morne Brabant : mais l'air de contentement & de bonté de cette jeune mère de famille sembloit rendre heureux tout ce qui l'approchoit. Elle allaitoit un de ses enfans ; les quatre autres étoient rangés autour d'elle, gais & contens.

La nuit venue, on servit avec propreté tout ce que l'habitation fournissoit. Ce souper me parut fort agréable. Je ne pouvois me lasser de voir ces pigeons voler autour de la table, ces chèvres qui jouoient avec les enfans, & tant d'animaux réunis autour de cette famille charmante. Leurs jeux paisibles, la solitude du lieu, le bruit de la mer, me donnoient une image de ces premiers tems où les filles de Noé, descendues sur une terre nouvelle, firent encore part aux espèces douces & familières du toît, de la table & du lit.

Après soupé, on me conduisit coucher à deux cents pas delà, à un petit pavillon en bois qu'on venoit de bâtir. La porte n'étoit pas encore mise : j'en fermai l'ouverture avec les planches dont on devoit la faire. Je mis mes armes en état ; car cet endroit est environné de Noirs Marons. Il y a quelques années que quarante d'entr'eux s'étoient retirés sur le morne, où ils avoient fait des plantations. On voulut les forcer ; mais plutôt que de se rendre, ils se précipitèrent tous dans la mer.

Le maître de la maison étant revenu pendant la nuit, il m'engagea à différer mon départ jusqu'à l'après-midi : il vouloit m'accompagner une partie du chemin. Il n'y avoit que trois petites lieues de là à la dernière habitation où je devois coucher. Comme mon Noir étoit blessé, la jeune dame voulut elle-même lui préparer un remède pour son mal. Elle fit sur le feu une espèce de baume samaritain, avec de la térébenthine, du sucre, du vin & de l'huile. Après l'avoir fait panser, je le fis partir d'avance avec son camarade. A trois heures après dîner je pris congé de cette demeure hospitalière, & de cette femme aimable & vertueuse. Nous

nous mîmes en route, son mari & moi. C'étoit un homme robuste : il avoit le visage, les bras, les jambes brûlés du soleil. Lui-même travailloit à la terre, à abattre les arbres, à les charier ; mais il ne souffroit, disoit-il, que du mal que se donnoit sa femme pour élever sa famille ; elle s'étoit encore, depuis peu, chargée d'un orphelin. Il ne me conta que ses peines, car il vit bien que je sentois son bonheur.

Nous passâmes un ruisseau près de la maison ; & nous marchâmes sur la pelouse jusqu'à la pointe du Corail. Dans cet endroit la mer pénètre dans l'île, entre deux chaînes de rochers à pic : il faut suivre cette chaîne, en marchant par des sentiers rompus & en s'accrochant aux pierres. Le plus difficile est de l'autre côté de l'anse, en doublant la pointe appelée le Cap. J'y vis passer des Noirs ; ils se colloient contre les flancs du roc : s'ils eussent fait un faux-pas, ils tomboient à la mer. Dans les gros temps ce passage est impraticable ; la mer s'y engouffre & y brise d'une manière effroyable. En calme, les petits vaisseaux entrent dans l'anse, au fond de laquelle ils chargent du bois. Heureusement il s'en trouva un qui nous prêta sa chaloupe pour passer le détroit. Mon compagnon me conduisit de l'autre côté, & nous nous dîmes adieu en nous embrassant cordialement.

J'arrivai en trois heures de marche, sur une pelouse continuelle, au-delà de la pointe Saint-Martin. Souvent j'allois sur le sable, & quelquefois sur le gazon fin, qui croît par flocons épais comme la mousse. Dans cet endroit je trouvai une pirogue, qui m'attendoit. Nous fûmes en peu de tems rendus à la maison, située à l'entrée de la rivière des Citroniers. On construisoit, sur la rive gauche, un vaisseau de deux cents tonneaux.

Aujourd'hui toute cette partie est d'une fraîcheur & d'une verdure charmante : c'est un savanne sans roche, entre la mer & les bois, qui sont très-beaux.

Avant de passer le Cap, on remarque

marque un gros banc de corail, élevé de plus de quinze pieds. C'est une espèce de rescif que la mer a abandonné : il règne au pied une longue flaque d'eau, dont on pourroit faire un bassin pour de petits vaisseaux. Depuis le morne Brabant, il y a au large une ceinture de brisans, où il n'y a de passage que vis-à-vis les rivières.

Le remède appliqué à la blessure de mon Noir l'ayant presque guéri, je fixai mon départ pour l'après-midi du lendemain. Le matin je me promenai en pirogue entre les rescifs & la côte. L'eau du fond étoit très-claire : on y voyoit des forêts de madrépores de cinq ou six pieds d'élévation, semblables à des arbres : quelques uns avoient des fleurs. Différentes espèces de poissons de toutes couleurs nageoient dans leurs branches : on y voyoit serpenter de belles coquilles, entr'autres une tonne magnifique, que le mouvement de la pirogue effraya : elle fut se nicher sous une touffe de corail. J'aurois fait une riche collection, mais je n'avois, ni plongeurs, ni pinces de fer, pour soulever les plantes de ce jardin maritime, & pour déraciner ces arbres de pierres. J'en rapportai le rocher, appelé l'oreille de Midas, le drap d'or & quelques gros rouleaux garnis de leur peau velue.

Nous eûmes à dîner deux officiers, qui, conjointement avec le maître de l'habitation, voulurent m'accompagner jufqu'au bras de la Savanne, à trois lieues de là. Perfonne n'y demeure, mais il y a quelques cafes de paille : le matin on avoit fait partir d'avance tous les Noirs. Après-midi je me mis en route & je pris feul les devans. J'arrivai au pofte Jacolet : c'eft un endroit où la mer entre dans les terres, en formant une baye de forme ronde. On voit au milieu, un petit iflot triangulaire : cette anfe eft entourée d'une colline qui la clôt comme un baffin. Elle n'eft ouverte qu'à l'entrée où paffe l'eau de la mer, & au fond où coulent fur un beau fable plufieurs ruifseaux qui sortent d'une pièce d'eau douce, où je vis beaucoup de poisson. Autour de cette pièce d'eau sont plusieurs monticules qui s'élèvent les uns derrière les autres en amphithéâtres. Ils étoient couronnés de bouquets d'arbres, les uns en pyramide comme des ifs, les autres en parasol : derrière eux s'élançoient quelques têtes de palmistes, avec leurs longues flèches garnies de panaches. Toute cette masse de verdure, qui s'élève du milieu de la pelouse, se réunit à la forêt & à une branche de montagne qui se dirige à la rivière Noire. Le murmure des sources, le beau verd des flots marins, le souffle toujours égal des vents, l'odeur parfumée des veloutiers, cette plaine si unie, ces hauteurs si bien ombragées, sembloient répandre autour de moi la paix & le bonheur. J'étois fâché d'être seul : je formai des projets ; mais du reste de l'univers, je n'eusse voulu que quelques objets aimés, pour passer là ma vie.

Je quittai à regret ces beaux lieux. A peine j'avois fait deux cents pas, que je vis venir à ma rencontre une troupe de Noirs armés de fusils. Je m'avançai vers eux, & je les reconnus pour des Noirs de détachement, sorte de maréchaussée de l'île : ils s'arrêtèrent auprès de moi. L'un d'eux portoit dans une calebasse deux petits chiens nouveaux-nés : un autre menoit une femme attachée par le cou à une corde de jonc : c'étoit le butin qu'ils avoient fait sur un camp de Noirs Marons qu'ils venoient de diffiper. Ils en avoient tué un, dont ils me montrèrent le gris-gris, efpèce de talifman fait comme un chapelet. La négreffe paroiffoit accablée de douleur. Je l'interrogeai ; elle ne me répondit pas. Elle portoit fur le dos un fac de vacoa. Je l'ouvris. Hélas ! c'étoit une tête d'homme. Le beau payfage difparut, je ne vis plus qu'une terre abominable.

Mes compagnons me retrouvèrent comme je defcendois par une pente difficile au bras de mer de la Savanne. Il étoit nuit, nous nous aſsîmes ſous des arbres dans le fond de l'anſe : on alluma des flambeaux & on ſervit à ſouper.

On parla des Noirs Marons; car ils avoient auſſi rencontré le détachement où étoit cette malheureuſe, qui portoit peut-être la tête de ſon amant ! On me dit qu'il y avoit dans les environs des troupes de deux & trois cens Noirs fugitifs, qui éliſoient un chef auquel ils obéiſſoient ſous peine de la vie. Il leur eſt défendu de rien prendre dans les habitations du voiſinage; d'aller le long des rivières fréquentées, chercher du poiſſon ou des ſonges. La nuit ils deſcendent à la mer pour pêcher : le jour ils forcent des cerfs dans l'intérieur des bois avec des chiens bien dreſſés.

Quand il n'y a qu'une femme dans la troupe, elle appartient aux chefs ; s'il y en a pluſieurs, elles appartiennent indifféremment à toute la troupe. Ils tuent, dit-on, les enfans qui leur naiſſent, afin que leurs cris ne les dénoncent pas. Ils s'occupent tous les matins à jetter les ſorts pour préſager la deſtinée du jour.

Nous paſsâmes la nuit ſous des paillotes.

J'avois remarqué qu'on pouvoit faire du poſte Jacolet, cette poſition ſi riante, un très-bon port pour de petits vaiſſeaux, en ôtant du baſſin quelques plateaux de corail.

Le bras de mer de la Savanne sert aussi aux embarcations des gaulettes. Toute cette partie est la plus belle portion de l'île; cependant elle est inculte, parce qu'il est difficile d'y communiquer avec le chef-lieu, à cause des montagnes de l'intérieur, & par la difficulté de revenir au vent du port en doublant le morne Brabant.

Les mêmes personnes vinrent m'accompagner encore le lendemain jusqu'au bord de la rive gauche de la Savanne qui est encore plus escarpée que la rive droite: en cet endroit leurs chiens forcèrent un cerf. Je pris congé d'eux, pour faire seul les douze lieues qui restoient, dans un pays où il n'y a plus d'habitans.

J'observai, chemin faisant, que la prairie devenoit plus large, les bois plus épais & plus beaux. Les montagnes sont enfoncées dans l'intérieur; on n'en voit que les sommets dans le lointain.

De tems en tems je trouvai quelques ravins. En deux heures de marche, je passai trois rivières à gué. La seconde, qui est celle des Anguilles, est assez difficile : son lit est plein de rochers, & son courant rapide. Il s'y jette des sources d'eau ferrugineuse qui couvrent l'eau d'une huile couleur de gorge de pigeon.

Chemin faisant, je vis un de

ces éperviers appelés mangeurs de poules. Il étoit perché sur un tronc de latanier ; je l'ajustai presqu'à bout portant ; les deux amorces de mon fusil s'embrasèrent, & les coups ne partirent pas. L'oiseau resta tranquille, & je le laissai là. Cette petite aventure me fit faire attention à tenir mes armes en meilleur état, en cas d'attaque des Noirs Marons.

Je m'arrêtai sur la rive gauche de la troisième rivière, au bord de la mer, sur des plateaux de rochers ombragés par un veloutier. Mes Noirs m'en firent une espèce de tente, en jettant mon manteau sur les branches. Ils me firent à dîner, & me pêchèrent quelques conques Perſiques & des oreilles de Midas.

A deux heures après dîné, je me mis en route, mon fuſil en bon état & mes gens en bon ordre. Les ſurpriſes n'étoient point à craindre; la plaine eſt découverte, & les bois aſſez éloignés. Le ſentier étoit très beau & ſablé. Pour marcher plus à mon aiſe, & n'être pas obligé de me déchauſſer au paſſage de chaque rivière, je réſolus de marcher pieds nuds comme les chaſſeurs du matin. Cette façon d'aller eſt non-ſeulement la plus naturelle, mais la plus ſûre; le pied ſaiſit comme une main les angles des rochers. Les Noirs ont cette partie ſi exercée qu'ils s'en ſervent pour ramaſſer une épingle à terre. Ce n'est donc pas en vain que la nature divisa ces membres en doigts, & les doigts en articulations.

Après avoir fait ces réflexions, je me déchauffai & je passai à gué la première rivière; mais en sortant de l'eau, je reçus un violent coup de soleil sur les jambes. Elles devinrent rouges & enflammées. Au passage de la seconde, je me blessai à un talon & à un orteil. En mettant mon pied dans l'eau, j'éprouvai à mes blessures une douleur fort vive. Je renonçai à mon projet, fâché d'avoir perdu un des avantages de la constitution humaine, faute d'exercice.

J'arrivai à la rivière du poste,

que je traverſai à gué ſur le dos de mon Noir, à une portée de canon de ſon embouchure. Elle coule avec grand bruit ſur des rochers. Ses eaux ſont ſi tranſparentes, que je diſtinguois au fond des limaçons noirs à pointes. J'éprouvai dans ce paſſage une ſorte d'horreur. Le ſoleil étoit prêt de ſe coucher ; je ne voulus pas aller plus loin. Je marchai ſur des pierres le long de la rive gauche pour gagner une paillote que j'avois apperçue adoſſée à un des caps de ſon embouchure. Il me fut impoſſible d'aller juſques-là. Ce n'étoient que des monceaux de roches. Je revins ſur mes pas, & je repris le ſentier qui me mena au haut d'un ravin, au bas duquel elle coule. J'apperçus à main gauche, dans un enfoncement, un petit bouquet détaché de buissons d'arbres & de liannes, dans lequel on pouvoit pénétrer. L'idée me vint de m'ouvrir un passage avec une hâche, & de me loger au centre comme dans un nid. Ce gîte me paroissoit sûr : mais comme il vint à tomber un peu de pluie, je pensai qu'il vaudroit mieux encore loger sous le plus mauvais toît. Je descendis de l'enfoncement jusqu'au bord de la mer, & j'eus un grand plaisir de trouver sur ma droite la paillote que j'avois apperçue de l'autre rive. C'étoit un toît de feuilles de latanier appliqué contre la roche;

à droite étoit le chemin impraticable que j'avois tenté, à gauche le chemin par où j'étois descendu, & devant moi le bord de la mer. Tout me parut également disposé pour la sûreté & la commodité; on me fit un lit d'herbes sèches, & je me couchai. Je fis mettre mes paniers enfilés de leur bâton, à droite & à gauche de mon lit, comme des barrières, un de mes Noirs à chaque entrée de l'apirepa, mes pistolets sous mon oreiller, mon fusil auprès de moi, & mon chien à mes pieds.

A peine ces dispositions étoient faites, qu'un frisson me saisit. C'est l'effet des coups de soleil qui sont presque toujours suivis de la fièvre.

Mes jambes étoient douloureuses & enflées. On me fit de la limonade : on alluma de la bougie, & je m'occupai à noter des observations sur ma route & quelques erreurs sur la carte.

Toute la côte, depuis le bras de mer de la Savanne, est escarpée & inabordable. Les rivières qui s'y jettent sont fort encaissées. Il seroit impossible de faire ce chemin à cheval. On s'opposeroit aisément à la marche d'une troupe ennemie, chaque rivière étant un fossé d'une profondeur effrayante. Quant au pays il m'a paru la plus belle portion de l'île. Sur le minuit la fièvre me quitta, & je m'endormis. A trois heures & demie du matin, mon chien me réveilla & fortit de l'apéripa en aboyant de toutes fes forces. J'appelai Côte, & lui dis de fe lever. Je fortis avec mes armes ; mais je ne vis qu'un ciel bien étoilé. Mon Noir revint au bout de quelques momens me dire qu'il avoit entendu fiffler deux fois auprès du bois. Je fis rallumer le feu. J'ordonnai à mes gens de veiller, & je pofai Côte en fentinelle avec mon fabre.

La mer venoit brifer dans les rochers, prefque jufqu'à ma chaumière. Ce fracas, joint à l'obfcurité, m'invitoit au fommeil ; mais je n'étois pas fans inquiétude. J'étois à cinq lieues de toute habitation, fi la fièvre me reprenoit, je ne savois où trouver des secours. Les Noirs Marons me donnoient peu de crainte. Mes deux Noirs paroissoient bien déterminés, & j'étois dans un lieu où je pouvois soutenir un siège. Après tout, je me félicitai de ne m'être pas campé dans le bosquet.

Dès qu'on put distinguer les objets, je fis boire un verre d'eau-de-vie à mes factionnaires, & je me mis en route. Ils commençoient à être bien moins chargés, nos provisions diminuant chaque jour.

Je partis à cinq heures & demie du matin, résolu de faire un effort pour arriver à la première habitation d'une seule traite.

A peu de distance, nous trouvâmes une petite rivière, & un peu plus loin un ruisseau presqu'à sec. Après une heure de marche, toute cette belle pelouse qui commence au morne Brabant, finit, & l'on entre sur un terrein couvert de rochers comme dans le reste de l'île. L'herbe cependant en est plus verte ; c'est un gramen à large feuille, très-propre au pâturage.

Je passai à gué le bras de mer du Chasan sur un banc de sable. Il est mal figuré sur le plan. La mer entre profondément dans les terres par un passage étroit qu'on pourroit, je crois, barrer de claires voies, & en faire un grand parc pour la pêche.

Je trouvai sur sa rive gauche un ajoupa où je me reposai.

A une demi-lieue de là, le sentier se divise en deux ; je pris celui de la gauche qui entre dans les bois ; il me conduisit dans un grand chemin, frayé de chariots. La vue des ornières qui me désignoient le voisinage de quelque maison considérable, me fit un grand plaisir. J'aimois encore mieux voir des pas de cheval que des pas d'hommes. Nous arrivâmes à une habitation, dont le maître étoit absent, ce qui nous fit revenir sur nos pas, & suivre un sentier du bois, qui nous mena chez un habitant. Il étoit tems d'arriver ; je ne pouvois plus me soutenir sur mes jambes, qui étoient très-enflées. Il me prêta un cheval pour me rendre à deux lieues de là, à l'habitation des prêtres.

Je passai successivement la rivière de la Chaux, qui est fort encaissée, & celle des Créoles. A trois quarts de lieue de cette dernière, je traversai en pirogue une des anses du port du sud-est.

Les bords en sont couverts de mangliers. Tout ce paysage est fort agréable ; il est coupé de collines couvertes d'habitations. De tems en tems on traverse des bouquets de bois remplis d'orangers. Il étoit six heures du soir, quand j'arrivai chez le frère directeur de l'habitation. On me bassina les jambes d'eau de fleur de sureau, & je me reposai avec grand plaisir.

Il n'y a qu'une lieue de là au grand port. Le frère me prêta un cheval, & j'arrivai à la ville sur les dix heures. C'est une espèce de bourg où il y a une douzaine de maisons. Les édifices les plus remarquables sont un moulin ruiné, & le gouvernement qui ne vaut guère mieux. Derrière la ville est une grande montagne, & devant elle est la mer qui forme en cet endroit une baye profonde de deux lieues, à compter des rescifs de son ouverture, & de quatre lieues de longueur depuis la pointe des deux Cocos jusqu'à celle du Diable.

Je descendis chez le curé du lieu. J'étois enchanté de mon hôte & du pays sauvage que j'avois vu :

mais il faut se méfier des lieux où vient la fleur d'orange. Le curé ne buvoit que de l'eau, ainsi que ses paroissiens. Il faut souvent un mois de navigation pour venir du Port-Louis : souvent les habitans sont exposés à manquer de tout ce qui vient d'Europe. Je fis part de mes provisions au Missionnaire, qui étoit un fort honnête homme.

Le port du sud-est fut d'abord habité par les Hollandois; on voit encore un de leurs anciens édifices qui sert de chapelle. On entre dans le port par deux passes, l'une à la pointe du Diable pour les petits vaisseaux, l'autre plus considérable, à côté d'un îlot, vers le milieu. Il y a deux batteries à ces deux

deux endroits, & une troisième appelée batterie de la Reine, située au fond de la baye.

Si mon indisposition l'eût permis, j'aurois examiné les corps étrangers que la mer jette sur les rescifs, pour former quelques conjectures sur les terres qui sont au vent : mais je pouvois à peine me soutenir. La peau de mes jambes tomba même entièrement.

Voici les observations que je pus recueillir.

Les baleines entrent quelquefois dans le port du sud-est, où il seroit aisé de les harponner. Cette côte est fort poissonneuse, & c'est l'endroit de l'île où l'on trouve les plus beaux coquillages; entr'autres des olives & des vis. On me donna quelques huîtres violettes, de l'embouchure de la rivière de la Chaux, & une espèce de cristallisation que l'on trouve au fond de la rivière de Sorbés, qui en est voisine.

Je trouvai ici l'air d'une fraîcheur agréable, la campagne belle & fertile ; mais ce bourg est si désert, que dans un jour je ne vis passer que deux Noirs sur la place publique.

Je me sentois assez rétabli pour continuer ma route dans des lieux habités. Je fixai ma couchée à quatre lieues de là, à l'embouchure de la grande rivière, qui est un peu plus grande que celle qui porte le même nom, près du Poit-Louis.

Nous partîmes à six heures du matin, en suivant le rivage qui est découpé d'anses où croissent des mangliers. Il est probable que la mer en a apporté les graines de quelque terre plus au vent. Nous longions sur la gauche une chaîne de montagnes élevées, couvertes de bois. La campagne est coupée de petites collines couvertes d'une herbe fraîche; ce pays où l'on élève beaucoup de bestiaux, est agréable à voir, mais fatiguant à parcourir.

Après avoir marché deux lieues, je vis sur une hauteur une belle maison de pierre. Je m'y arrêtai pour m'y repofer ; elle appartenoit à un riche habitant. Il étoit abfent. Sa femme étoit une grande Créole sèche, qui alloit nuds pieds fuivant l'ufage du canton. En entrant dans l'appartement je la trouvai au milieu de cinq ou fix filles, & d'autant de gros dogues qui voulurent étrangler mon chien. Elle les fit mettre à la porte, & y pofa en faction une négreffe ùue, qui n'avoit pour tout habit qu'une mauvaife jupe. Je demandai à paffer le tems de la chaleur. Après les premiers complimens, un des chiens trouva le moyen de rentrer dans la falle, & le vacarme recommença. La maîtreffe du logis tenoit à la main une queue de raye épineufe :

elle en lâcha un coup sur les épaules nues de l'esclave, qui en furent marquées d'une longue taillade, & un revers sur le mâtin qui s'enfuit en hurlant.

Cette dame me conta qu'elle avoit manqué de se noyer en allant en pirogue, harponner la tortue sur les brisans. Elle alloit dans les bois, à la chasse des Noirs Marons; elle s'en faisoit honneur; mais elle me dit que le Gouverneur lui avoit reproché de chasser le cerf, ce qui est défendu; ce reproche l'avoit outrée. « J'eusse mieux aimé, me » dit-elle, qu'il m'eût donné un » coup de poignard dans le cœur ».

A quatre heures après midi, je quittai cette Bellone qui chassoit aux hommes : nous coupâmes par un sentier, la pointe du Diable, ainsi appelée, parce que les premiers navigateurs y virent, dit-on, varier leur boussole sans en savoir la raison. Nous passâmes en canot l'embouchure de la grande rivière qui n'est pas navigable à cause d'un banc de sable qui la traverse, & par une cascade qu'elle forme à un demi-quart de lieue de là.

On a bâti sur sa rive gauche une redoute en terre, au commencement du chemin qui mène à Flacq : nous le suivîmes par l'impossibilité de marcher le long du rivage, tout rompu de roches. On rentre ici dans les bois, qui sont très-beaux & pleins d'orangers. A un quart de lieue de là, je trouvai une habitation dont le maître étoit abfent : je m'y arrêtai.

J'avois marché deux heures & demie le matin, & autant l'après-midi.

Nous fuivîmes la grande route de Flacq, jufqu'à un quart de lieue au-delà de la rivière Sèche, que nous pafsâmes à gué comme les autres ; enfuite prenant à droite par un fentier, j'arrivai fur le bord de la mer à l'anfe d'eau douce, où il y avoit un pofte de trente hommes.

Nous reprîmes le rivage, qui commence là à être praticable. Je paffai fur le dos de Côte un petit bras de mer affez profond. De tems en tems le fable est couvert de rochers, jusqu'à une longue prairie couverte du même chiendent que j'avois trouvé aux environs de Belle-Ombre. Toute cette partie est sèche & aride, les bois sont petits & maigres, & s'étendent aux montagnes qu'on voit de loin : cette plaine, qui a trois grandes lieues, ne vaut pas grand chose ; elle s'étend jusqu'à un établissement, appelé les quatre Cocos. Il n'y a d'autre eau que celle d'un puits saumâtre, percé dans des rochers pleins de mine de fer.

Après le dîner, un sentier sur la gauche nous mena dans les bois, où nous trouvâmes des rochers. Nous arrivâmes sur le bord de la rivière de Flacq, à un quart de lieue de son embouchure; nous la traversâmes sur des planches. Je la côtoyai en traversant les habitations, qui y sont en grand nombre, & je vins descendre au magazin, situé sur la rive gauche. Il y avoit un poste commandé par un capitaine de la légion, qui m'offrit un gîte.

Je me reposai. Le quartier de Flacq est un des mieux cultivés de l'île : on en tire beaucoup de riz. Il y a une passe dans les rescifs, qui permet aux gaulettes de venir charger jusqu'à terre.

Mon hôte voulut m'accompagner une partie du chemin ; nous fûmes en pirogue jusqu'auprès du poste de Fayette. Presque toute la côte est couverte jusques-là de roches brisées & de mangliers. Près du débarquement nous vîmes sur le sable des traces de tortue, ce qui nous fit mettre pied à terre; mais nous ne trouvâmes que le nid. Nous passâmes à gué l'anse aux Aigrettes, bras de mer assez large. J'étois sur les épaules de mon Noir; quand nous fûmes au milieu du trajet, la mer qui montoit, pensa le renverser; il eut de l'eau jusqu'au cou, & je fus bien mouillé. A quelque distance nous en trouvâmes un autre, appelé l'anse aux Requins. J'y remarquai de larges plateaux de rochers, percés d'un grand nombre de trous ronds d'un pied de diamètre; quelques-uns étoient de la profondeur de ma canne. Je présumai que quelque lave de volcan, ayant coulé jadis sur une portion de forêt, avoit consumé les troncs des arbres & conservé leur empreinte.

Du poste de Fayette à la rivière du Rampart, la prairie continue. Ce quartier est encore bien cultivé. Nous y dînâmes. Je passai la rivière; ensuite je continuai seul ma route, jusqu'au delà de la rivière des Citronniers. Le soleil baissoit déjà sur l'horizon, lorsque je rencontrai un habitant, qui m'engagea fort honnêtement à entrer chez lui.

Il m'offrit le matin son cheval pour me rendre à la ville, dont je n'étois plus éloigné que de cinq lieues. J'aurois bien voulu achever le tour de l'île : mais il y avoit quatre lieues de pays inhabité, où l'on ne trouve pas d'eau. D'ailleurs, de la pointe des Citronniers, je connoissois le rivage jusqu'au port.

J'acceptai l'offre de mon hôte. Je partis de ce quartier qu'on appelle la Poudre d'Or, à cause, dit-on, de la couleur du sable, qui me parut blanc comme ailleurs. Je passai d'abord la rivière qui porte le nom du quartier. J'entrai ensuite dans de grands bois ; le sol en est bon, mais il n'y a point d'eau. J'arrivai au quartier des Pample-Mousses ; les terres en paroissent épuisées, parce qu'on les cultive

depuis

depuis plus de trente ans sans les fumer. J'en passai la rivière à gué, ainsi que la rivière Sèche & celle des Lataniers, & j'arrivai le soir au port.

J'avois trouvé toutes les campagnes en rapport, couvertes de pierres, excepté quelques cantons des Pample-Mousses.

Je n'ai vu sur ma route aucun monument intéressant. Il y a trois églises dans l'île ; la première au Port-Louis, la seconde au port du sud-est, & la troisième, qui est la plus propre, aux Pample-Mousses. Les deux autres ressemblent à de petites églises de village. On en avoit construit une au Port-Louis, sur un assez beau plan, mais le comble en étant trop élevé, les ouragans ont fait fendre les murs qui le supportent. On s'en sert quelquefois au lieu de magazins, qui sont rares dans l'île. La plupart sont construits en bois ; c'est une matière qu'on ne devroit jamais employer pour les bâtimens publics, sur-tout ici où les poutres ne durent pas plus de quatre ans, quand les curnis ne les détruisent pas plutôt. D'ailleurs la pierre se rencontre par-tout, & l'île est entourée de corail dont on fait de la chaux. La plus grande difficulté est aux fondations où l'on est toujours obligé de faire sauter des roches avec de la poudre. Mais tout est compensé, je ne crois pas qu'un bâtiment en pierre coûte ici un tiers plus cher qu'un bâtiment en bois. Celui-ci, il est vrai, est bientôt prêt, mais bientôt ruiné. Les gens pressés de jouir ne jouissent jamais.

On compte que l'île a environ quarante-cinq lieues de tour. Elle est arrosée d'un grand nombre de ruisseaux fort encaissés : ils sortent du centre de l'île pour se rendre à la mer. Quoique nous fussions dans la saison sèche, j'en ai traversé plus de vingt-quatre, remplis d'une eau fraîche & saine. J'estime qu'il y a la moitié de l'île en friche, un quart de cultivé, un autre quart en pâturages, bons & mauvais.

LETTRE XXII.

Du Port-Louis.

J'AI quelques détails à vous donner, Madame, sur le commerce & sur l'agriculture de l'île de France. Si je voulois recueillir sur ces deux objets toutes les observations qui se présentent à moi, une lettre ne suffiroit pas.

A commencer par le premier, je ne connois pas de coins de terre qui étende ses besoins si loin. Cette colonie fait venir sa vaisselle de la Chine, son linge & ses habits de l'Inde, ses esclaves & ses bestiaux de Madagascar, une partie de ses vivres du cap de Bonne-Espérance, son argent de Cadix & son administration de France. M. de la Bourdonnaye vouloit en faire l'entrepôt du commerce de l'Inde, une seconde Batavia ; avec les vues d'un grand génie il avoit le foible d'un homme : mettez-le sur un point, il en fera le centre de toutes choses.

Ce pays, qui ne produit qu'un peu de caffé, ne doit s'occuper que de ses besoins, & il devroit se pourvoir en France, afin d'être utile par sa consommation, à la métropole à laquelle il ne rendra jamais rien. Nos denrées, nos draps, nos toiles, nos fabriques y suffisent, & les cotonines de Normandie sont préférables aux toiles du Bengale qu'on donne aux esclaves. Notre argent seul devroit y circuler. On a imaginé une monnoie de papier, à laquelle personne n'a de confiance. Dans son plus grand crédit elle perd trente-trois & souvent cinquante pour cent. Il est impossible que ce papier perde moins ; il est payable en France à six mois de vue ; il faut six mois pour le voyage, six mois pour le retour : voilà dix-huit mois. On compte ici qu'en dix-huit mois l'argent comptant, placé dans le commerce maritime, doit rapporter trente-trois pour cent. Celui qui reçoit du papier pour des piastres, le regarde comme une marchandise qui court plus de risque.

Le roi paye tout ce qu'il achète

un tiers au moins au-deſſus de ſa valeur ; les grains des habitans, la conſtruction de ſes édifices, les fournitures & les entrepriſes en tout genre. Un habitant vous fera un magazin pour vingt mille francs comptant ; ſi vous le payez en papier, c'eſt dix mille écus ; il n'y a pas là-deſſus de diſpute.

C'eſt pourtant la ſeule monnoie dont tout le monde eſt payé. On avoit penſé qu'elle ne ſortiroit pas de l'île. Non-ſeulement elle ſort, mais les piaſtres auſſi, pour n'y jamais rentrer ; autrement la colonie manqueroit de tout.

De tous les lieux étrangers où elle commerce, le ſeul indiſpenſable à ſa conſtitution préſente, eſt

Madagafcar, à caufe des efclaves & des beftiaux. Ses infulaires fe contentoient autrefois de nos mauvais fufils, mais ils veulent aujourd'hui des piaftres cordonnées. Tout le monde fe perfectionne. Au refte, fi on compte qu'il y ait un jour affez de fuperflu pour y faire fleurir le négoce, il faut fe hâter de nettoyer le port. Il y a fept ou huit carcaffes de vaiffeaux qui y forment autant d'îles, que les madépores augmentent chaque jour.

Il ne devroit être permis à perfonne de poffeder des terres faciles à défricher, & à la portée de la ville, fans les mettre en valeur. Perfonne ne devroit fe faire concéder de grands & beaux terreins pour les revendre à d'autres. Les loix défendent ces abus : mais on ne fuit pas les loix.

On devroit multiplier les bêtes de fomme, fur-tout les ânes, fi utiles dans un pays de montagnes. Un âne porte deux fois la charge d'un Noir. Le Nègre ne coûte guère davantage, mais l'âne eft plus fort & plus heureux.

On a fait beaucoup de loix de police fur ce qu'il convient de planter. Perfonne ne connoît mieux que l'habitant, ce qui eft de fon intérêt, & ce qui convient à fon fol. Il vaudroit mieux trouver le moyen d'attacher l'agriculteur au champ qu'il cultive à regret : car les ordonnances ne peuvent rien sur les sentimens. Il y a un grand nombre de soldats inutiles, auxquels on pourroit donner des terreins à cultiver, en faisant les avances du défriché : on pourroit les marier avec des Négresses libres. Si on eût suivi ce plan, depuis longtems l'île entière seroit en rapport. On auroit une pépinière de matelots & de soldats Indiens. Cette idée est si simple, que je ne suis pas étonnée qu'on l'ait méprisée.

Le caffé y est cultivé avec un tel succès, qu'on ne désespère pas d'en recueillir un jour six à sept millions de livres, si le tems & une administration éclairée y réunissent jamais les moyens d'exploitation, sans lesquels il est impossible qu'aucune colonie puisse prospérer. A cet espoir s'en est joint un autre depuis peu.

Personne n'ignore que les Hollandois s'enrichissent depuis deux siècles par la vente du girofle & de la muscade. Pour s'en approprier le commerce exclusif, ils ont mis aux fers ou exterminé le peuple qui possédoit ces épiceries. Dans la crainte même d'en voir diminuer le prix dans leurs propres mains, ils ont extirpé la plupart des arbres, & souvent brûlé le fruit de ceux qu'ils ont conservés. Cette avidité cruelle, dont les nations se sont si souvent indignées, révoltoit singulièrement M. Poivre, qui avoit parcouru l'Asie en naturaliste & en philosophe; il a profité de l'autorité qui lui étoit confiée à l'île de France, pour faire chercher dans les parties les moins fréquentées des Moluques, ce que l'avarice avoit dérobé jusqu'ici à l'activité. Le succès a couronné les travaux des navigateurs hardis & intelligens, dans lesquels il avoit placé sa confiance.

Le 24 juin 1770, il a été porté dans l'île de France quatre cens plantes de muscadiers; dix mille noix muscades, ou germées ou propres à germer; soixante-dix plants de giroffliers; une caisse de bayes de girofle, dont quelques-unes étoient germées & hors de terre.

Ces richesses ont été distribuées

aux Colons, pour essayer tous les terreins, toutes les expositions. La plupart des plantes ont péri, & il est vraisemblable que les autres ne porteront point de fruit. Mais quoi qu'il arrive, l'île de France devra être toujours regardée comme le plus heureux présent de la nature, pour une nation qui voudra faire le commerce de l'Asie.

Il est d'autres plants étrangers qui ont enrichi l'agriculture de l'île de France, tels que le manioque dont on distingue une seconde espèce appelée Camaioc. Il vient dans les lieux les plus secs. Son suc a perdu sa qualité venimeuse. C'est une sorte d'arbrisseau dont la feuille est palmée comme celle du chanvre. Sa racine est grosse & longue comme le bras : on la rape & sans la presser ; on en fait des gâteaux fort lourds. On en donne trois livres par jour à chaque Nègre pour toute nourriture. Ce végétal se multiplie aisément. M. de la Bourdonnaye l'a fait venir d'Amérique. C'est une plante fort utile, en ce qu'elle est à l'abri des ouragans, & qu'elle assure la subsistance des Nègres. Les chiens n'en veulent point.

Le maïs ou bled Turc y vient très-beau. C'est un grain précieux : il rapporte beaucoup, & ne se garde qu'un an, parce que les mittes s'y mettent. On devroit encourager en Europe la culture d'un bled qu'on ne peut emmagasiner. Il sert à nourrir les Noirs, les poules & les bestiaux. Observez que quelques habitans font de grands éloges du maïs & du manioc, mais ils n'en mangent pas. J'en ai vu présenter de petits gâteaux au dessert. Quand il y a beaucoup de sucre, de farine de froment & de jaune d'œufs, ils sont assez bons.

Le blé y croît bien. Il ne s'élève pas à une grande hauteur. On le plante par grains à la main, à cause des rochers; on le coupe avec des couteaux & on le bat avec des baguettes. Il ne se garde guère plus de deux ans. Au rapport de Pline, en Barbarie & en Espagne, on le mettoit avec son épi dans des trous en terre, en prenant garde d'y introduire de l'air. Varron dit qu'on le conservoit ainsi cinquante ans, & le millet un siècle. Pompée trouva à Ambratia des fèves gardées de cette manière du tems de Pyrrhus, ce qui faisoit près de cent vingt ans. Mais Pline ne veut pas que la terre soit cultivée par des forçats ou des esclaves, *qui ne font*, dit-il, *rien qui vaille*. Quoique la farine du blé de l'île de France ne soit jamais bien blanche, j'en préfère le pain à celui des farines d'Europe qui s'éventent ou s'échauffent toujours dans le voyage.

Le riz, le meilleur & peut-être le plus sain des alimens, y réussit très-bien. Il se garde plus long-tems que le blé, & rapporte davantage. Il aime les lieux humides. Il y en a de plus de sept espèces en Asie, dont une croît dans les lieux secs; il seroit à souhaiter qu'elle fût cultivée en Europe, à cause de sa fertilité.

Quant aux plantes d'agrément, je vous parlerai des nôtres, ensuite de celles d'Asie & d'Afrique.

Le rézeda, la belsamine, la tubéreuse, le pied d'alouette, la grande marguerite de Chine, les œillets de la petite espèce s'y plaisent autant qu'en Europe; les grands œillets & les lys y jettent beaucoup de feuilles & portent rarement des fleurs. Les anémones, la renoncule, l'œillet & la rose d'Inde y viennent mal, ainſi que la giroflée & les pavots. Je n'ai point vu d'autres plantes à fleurs d'Europe. Chez les curieux, pluſieurs ſe ſont donné des ſoins inutiles pour y faire venir le thim, la lavande, la marguerite des prés, les violettes ſi ſimples & ſi belles, & le coquelicot dont l'écarlate brille avec l'azur des bluets ſur l'or de vos moiſſons. Heureux François, un coin de vos campagnes eſt plus magnifique que le plus beau de nos jardins.

En ſimples plantes à fleurs d'Afrique, je ne connois qu'une belle immortelle du Cap, dont les grains ſont gros & rouges comme des fraiſes, & viennent en grappe au ſommet d'une tige, dont les feuilles ressemblent à des morceaux de drap gris ; une autre immortelle à fleurs pourprées qui vient par-tout ; un jonc de la grosseur d'un coin, qui porte un grouppe de fleurs blanches & violettes adossées : de loin ce bouquet paroît en l'air, il vient du Cap, ainsi qu'une sorte de tulipe qui n'a que deux feuilles collées contre la terre, qu'elles semblent saisir : une plante de Chine, qui se sème d'elle-même, à petites fleurs en rose ; chaque tige en donne cinq ou six, toutes variées à la fois depuis le rouge sang de bœuf, jusqu'à la couleur de brique. Aucune de ces fleurs n'a d'odeur ; même celles d'Europe la perdent.

Les aloës s'y plaisent. On pourroit tirer parti de leurs feuilles ; dont la sève donne une gomme médicinale & dont les fils font propres à faire de la toile. Ils croissent sur les rochers & dans les lieux brûlés du soleil. Les uns sont tout en feuilles, fortes & épaisses, de la grandeur d'un homme, armées d'un long dard. Il s'élève du centre une tige de la hauteur d'un arbre, toute garnie de fleurs, d'où tombent des aloës tout formés. Les autres sont droits comme de grands cierges, à plusieurs pans garnis d'épines très-aigues : ceux-là sont marbrés, & ressemblent à des serpens qui rampent à terre.

Il semble que la nature ait traité les Africains & les Asiatiques en barbares, à qui elle a donné des végétaux magnifiques & monstrueux, & qu'elle agiſſe avec nous comme avec des êtres amis & ſenſibles. Oh ! quand pourrai-je reſpirer le parfum des chèvrefeuilles, me repoſer ſur ces beaux tapis de lait, de ſafran & de pourpre que paiſſent nos heureux troupeaux, & entendre les chanſons du laboureur qui ſalue l'aurore avec un cœur libre & content !

LETTRE XXIII.

De la rade S. Denis.

ME voici, Madame, dans l'île de Bourbon. Avant de quitter celle de France, j'ai donné la liberté à l'esclave qui portoit votre nom ; je l'ai confié à un honnête homme du pays, auprès duquel il servira jufqu'à ce qu'il ait acquitté par fon travail quelque argent dont il eft redevable à l'adminiftration. S'il eut parlé françois, je l'aurois gardé avec moi. Il m'a témoigné par fes larmes le regret qu'il avoit de me quitter. Il m'y parut plus fenfible qu'au plaifir d'être libre. Je propofai à Côte d'acheter fa liberté, s'il vouloit s'attacher à ma fortune. Il m'avoua qu'il avoit dans l'île une maîtresse dont il ne pouvoit se détacher. Le sort des esclaves du roi est supportable, il se trouvoit heureux, c'étoit plus que je ne pouvois lui promettre. J'aurois été très-aise de ramener mon pauvre favori dans sa patrie, mais quelques mois avant mon départ, on me prit mon chien ; je perdis en lui un ami fidèle que j'ai souvent regretté.

Le jour de mon départ plusieurs Malabares vinrent m'accompagner jusqu'au bord de la mer. Ils me souhaitoient, en pleurant, un prompt retour. Ces bonnes gens ne perdent jamais l'espérance de revoir ceux qui leur ont rendu quelque service. Je reconnus parmi eux un maître charpentier qui avoit acheté mes livres de géométrie, quoiqu'il fût à peine lire. C'étoit le seul homme de l'île qui en eût voulu.

Nous sommes restés onze jours en rade, retenus par le calme. Au bout de ce tems nous avons appareillé, & nous avons mouillé à Bourbon, dans la rade S. Denis.

Cette île est à 40 lieues sous le vent de l'île de France. Il ne faut qu'un jour pour aller à Bourbon, & souvent un mois pour en revenir. Elle paroît de loin comme une portion de sphère. Ses montagnes sont fort élevées. On y cultive, dit-on, dit-on, la terre à trois cens toises de hauteur ; on donne seize cens toises d'élévation au sommet des trois falasses, qui sont trois pics inaccessibles.

Ses rivages sont très-escarpés ; la mer y roule sans cesse de gros galets, ce qui ne permet qu'aux pirogues d'aborder sans se briser. On a construit à S. Denis pour le débarquement des chaloupes, un pont-levis soutenu par des chaînes de fer. Il avance sur la mer de plus de quatre-vingts pieds. A l'extrémité de ce pont est une échelle de corde où grimpent ceux qui veulent aller à terre. Dans tout le reste de l'île on ne peut débarquer qu'en se jettant à l'eau.

Comme notre vaisseau doit rester trois semaines au mouillage pour charger du caffé, plusieurs passagers ont pris le parti de passer quelques jours dans l'île, & d'aller attendre à S. Paul, sept lieues sous le vent, que le vaisseau y vienne compléter sa cargaison.

Je me suis décidé comme eux à cette démarche, par la disette de vivres où nous nous trouvions à bord, & par l'exemple du capitaine & d'un grand nombre d'officiers de différens vaisseaux.

Je me suis donc embarqué seul dans une petite iole, & malgré la brise qui étoit très-violente, à force de gouverner à la lame, je débarquai au pont. Nous avons été une heure & demie à faire ce trajet, qui n'a pas une demi-lieue.

J'ai été saluer l'officier commandant. Il m'apprit qu'il n'y avoit point d'auberge à S. Denis, ni dans aucun endroit de l'île, que les étrangers avoient coutume de loger chez ceux des habitans avec lesquels ils faisoient quelque commerce. La nuit s'approchoit, & n'ayant aucune affaire à traiter, je me préparois à retourner à bord, lorsque cet officier m'a offert un lit.

J'ai été ensuite saluer le commissaire ordonnateur, qui m'a offert sa maison pour le tems que je voudrois passer à terre. Cette offre m'est d'autant plus agréable que j'ai envie de voir le volcan de Bourbon, mais je crains de n'en pas trouver l'occasion. Le chemin en est très-difficile, peu d'habitans le connoissent, & il faut s'absenter de S. Denis six ou sept jours.

Vous savez, Madame, que les premiers habitans de Bourbon furent des pirates qui s'allièrent avec des négresses de Madagascar. Ils vinrent s'y établir vers l'an 1657. La compagnie des Indes avoit aussi dans cette île un comptoir & un gouverneur, qui vivoit avec eux dans une grande circonspection. Un jour le vice-roi de Goa vint mouiller à la rade de S. Denis, & fut dîner au gouvernement. A peine venoit-il de mettre pied à terre, qu'un vaisseau pirate de cinquante pièces de canon vint mouiller auprès du sien & s'en empara. Le capitaine descendit ensuite, & fut demander à dîner au gouverneur : il se mit à table entre lui & le Portugais, à qui il déclara qu'il étoit son prisonnier. Quand le vin & la bonne chère eurent mis le marin de bonne humeur, le gouverneur lui demanda à combien il fixoit la rançon du vice-roi. Il me faut, dit le pirate, mille piastres. C'est trop, répondit le gouverneur, pour un homme comme vous, & peu pour un grand seigneur comme lui, demandez beaucoup ou rien ? Hé bien, qu'il soit libre, dit le généreux

K iij

corsaire. Le vice-roi se rembarqua sur le champ & appareilla, fort content d'en sortir à si bon marché. Ce service du gouverneur a été récompensé depuis peu par la cour de Portugal, qui a envoyé l'ordre du Christ à son fils. Le pirate s'établit ensuite dans l'île, & fut pendu long-tems après l'amnistie, qu'on avoit publiée en faveur des corsaires & dans laquelle il avoit de se faire comprendre.

Cette injustice fut commise par un conseiller qui voulut s'approprier sa dépouille : mais cet autre fripon, à quelque tems de là, fit une fin presqu'aussi malheureuse, quoique la justice des hommes ne s'en mêlât pas.

Il n'y a pas long-tems qu'un de ces anciens écumeurs de mer, appelé Adam, vivoit encore. Il est mort âgé de cent quatre ans.

Lorsque des occupations plus paisibles eurent adouci leurs mœurs, il ne leur resta plus qu'un certain esprit d'indépendance & de liberté, qui s'adoucit encore par la société de beaucoup d'honnêtes gens qui vinrent s'établir à Bourbon pour s'y livrer à l'agriculture. On compte soixante mille noirs à Bourbon & cinq mille habitans. Cette île est trois fois plus peuplée que l'île de France, dont elle dépend pour le commerce extérieur. Elle est aussi bien mieux cultivée. Elle avoit produit cette année vingt mille quintaux de bled & autant de caffé, sans le riz & les autres denrées qu'elle consume. Les troupeaux de bœufs n'y sont pas rares. Le roi paye le cent pesant de bled quinze livres, & les habitans vendoient le quintal de caffé quarante-cinq livres en piastres, ou soixante-dix livres en papiers.

Le principal lieu de Bourbon est S. Denis, où réside le gouverneur & le conseil. On n'y voit de remarquable qu'une redoute fermée, construite en pierre, mais qui est située trop loin de la mer, une batterie devant le gouvernement & le pont-levis dont j'ai parlé. Il y a derrière la ville une grande plaine qu'on appelle *le Champ de Lorraine*.

Le sol m'a paru plus sablonneux à Bourbon qu'à l'île de France : il est mêlé à quelque distance du rivage du même galet roulé dont les bords de la mer sont couverts ; ce qui prouve qu'elle s'en est éloignée ou que l'île s'est élevée : ce qui me paroît possible, si l'on en juge par l'inspection des montagnes léfardées & brisées dans leur intérieur. Dans la spéculation sur la nature, les opinions opposées se présentent toujours avec une vraisemblance presqu'égale. Souvent les mêmes effets résultent des causes contraires. Cette observation peut s'étendre fort loin, & doit nous porter à être modérés dans nos jugemens.

Un vieillard âgé de plus de quatre-vingts ans m'assura qu'il avoit été un de ceux qui prirent possession de l'île de France, lorsque les Hollandois l'abandonnèrent. On y avoit détaché douze François, qui y abordèrent le matin, & dans l'après-midi du même jour, un vaisseau Anglois y mouilla dans la même intention.

Les mœurs des anciens habitans de Bourbon étoient fort simples, la plupart des maisons ne fermoient pas. Une serrure même étoit une curiosité. Quelques-uns mettoient leur argent dans une écaille de tortue au-dessus de leur porte. Ils alloient nus pieds, s'habilloient de toile bleue, & vivoient de riz &

de caffé; ils ne tiroient rien de l'Europe, contents de vivre sans luxe, pourvu qu'ils vécuffent sans besoins. Ils joignoient à cette modération, les vertus qui en font la suite, de la bonne foi dans le commerce, & de la nobleffe dans les procédés. Dès qu'un étranger paroiffoit, les habitans venoient fans le connoître, lui offrir leur maifon.

La dernière guerre de l'Inde a altéré un peu les mœurs. Les volontaires de Bourbon s'y font diftingués par leur bravoure; mais les étoffes de l'Afie & les diftinctions militaires de France font entrées dans leur île. Les enfans plus riches que leurs pères, veulent être plus considérés. Ils ne se sont pas cru heureux d'un bonheur qui étoit ignoré. Ils vont chercher en Europe des plaisirs & des honneurs en échange de l'union des familles, & du repos de la vie champêtre. Comme l'attention des pères se porte principalement sur leurs garçons, ils les font passer en France, d'où ils reviennent rarement. Il arrive de là que l'on compte dans l'île plus de cinq cents filles à marier qui vieillissent sans trouver de parti.

A tous ces détails, Madame, je puis en ajouter quelques autres qui termineront tout ce que j'aurai pu recueillir sur l'île de Bourbon pendant une aussi courte station.

Toutes

Toutes les bourgades que les François ont fondées dans cette île, ont chacune une paroisse desservie par un Lazariste. Indépendamment du caffé, de l'indigo & du sucre qu'on y cultive dans toutes les habitations, & qu'on envoie en Europe, cette île qui sert d'entrepôt aux vaisseaux de la compagnie des Indes, est aussi très-fertile en coton, en manioc, en poivre blanc, &c. Le blé, le riz & toutes sortes de légumes, y viennent parfaitement. La vigne qu'on y avoit plantée d'abord, n'y croissoit pas moins; mais le raisin n'y parvenoit point à maturité, ou étoit mangé par les oiseaux, à mesure qu'il mûrissoit.

Les perroquets, les bêtes à cornes, les chèvres, les cochons, les sangliers sont très-communs ; & l'on ne rencontre aucun animal nuisible. Le gibier étoit autrefois si abondant que loin de s'effrayer à la vue des chasseurs, il venoit l'entourer & se laissoit choisir. Les tortues de terre y rampoient de toutes parts ; & celles de mer se promenoient sur le sable, où on les prenoit facilement.

Quelques chasseurs indiscrets rendirent les oiseaux plus rares, en les épouvantant à coups de fusils ; & pour réprimer ces abus, il fallut user de la plus grande violence. Il y eut des cantons où la chasse fut défendue sous peine de la vie.

On a vu un gouverneur faire exécuter les ordonnances avec une extrême rigueur. Trois François ayant été pris dans cet exercice, on les fit tirer au billet. Un gentilhomme, sur qui le sort tomba, fut attaché au tronc d'un arbre, pour y être passé par les armes. Cependant les fusiliers avoient ordre de tirer en l'air, pour lui donner seulement la peur, mais elle fit tant d'impression sur lui, qu'il en mourut peu de tems après.

L'air de cette île, quoique très-chaud, est fort sain, mais on y éprouve des ouragans si violens, qu'ils brisent les navires & déracinent les plus grands arbres. Le pays est arrosé par des rivières poiſſoneuſes & une multitude de ruiſſeaux & de ſources qui fourniſſent d'aſſez bonne eau. La plupart des arbres diſtillent des gommes précieuſes, & donnent des matériaux propres à bâtir des maiſons, mais trop durs & trop lourds pour la conſtruction des vaiſſeaux. La terre eſt entrecoupée de montagnes très-hautes, parmi leſquelles eſt un volcan, dont autrefois une partie de l'île fut embrâſée. On voit encore les traces du feu, & les marques qu'il a laiſſées de ſa violence. On recueille ſur le rivage de la mer l'ambre gris, du corail & de ſuperbes coquillages.

Saint-Paul avoit été la première habitation des François; & l'ancien gouverneur y faisoit sa résidence. Elle est auprès d'une montagne, à deux lieues de la mer; & cet espace forme une grande plaine, arrosée par un étang. La partie méridionale est peu habitée; & en général le pays ne contient guère que trois ou quatre mille ames, dont plus de la moitié sont des esclaves nègres, employés aux plantations. Le gouverneur, le commandant, le conseil supérieur, & l'intendant résident à S. Denis, où l'on a aussi fondé un hôpital pour quatre ou cinq cens malades.

LETTRE XXIV.

Du Port Choiseul.

JE ne pourrai vous donner, Madame, une description générale de Madagascar : l'étendue de cette île, la plus grande de l'univers connu, & la variété des cantons exigeroient un très-long séjour ; & le mien ne doit être que d'environ trois semaines. La multitude des gouvernemens & les guerres continuelles qui existent dans ce pays, s'opposeroient d'ailleurs aux voyages & aux examens d'un observateur. Je me bornerai donc à décrire ce que je me suis trouvé à portée d'apprendre & d'examiner moi-même.

Jufqu'ici nos fuccès n'ont pas été heureux dans cette île. Plufieurs fois nous avons abandonné nos comptoirs, & fouvent nous en avons été chaffés : il eft même douteux que nous puiffions nous fixer d'une manière folide, parce que les habitans veulent être traités avec douceur. Les François s'accoutumeront-ils jamais à regarder comme des hommes des êtres qui ont l'épiderme noir ? Avant de nous connoître, les Madécaffes vivoient dans cette heureufe ignorance du crime ou de la vertu qui fuppofe l'innocence des premiers âges. Bientôt ils fuivirent l'exemple d'une nation, qui selon eux, étoit descendue du soleil pour leur donner des loix ; mais ce n'est pas impunément que nous leur avons apporté nos vices ; auteurs de leur dépravation, nous en avons été les premières victimes ; ils apprirent de nous le meurtre & le brigandage, dont ils se servirent contre leurs maîtres.

Madagascar a été visité par toutes les nations. Ses habitans le nommèrent *Madecasse* ; les Grecs, *Meunthiers* ; les Romains, *Cirné* ; les Arabes, *Sarandipe* ; les Portugais, *Saint-Laurent* ; les François, *l'Ile Dauphine*. Un simple voyageur lui a donné le nom de Madagascar ; & ce nom a prévalu sur celui des

François, des Portugais, des Arabes, des Latins, des Grecs & de ses propres habitans.

La première vue de cette terre en donne l'idée la plus favorable. Ce sont des montagnes fort droites & fort élevées, des plaines très-étendues & très-agréables, de grands bois toujours verds, & dont les arbres sont si durs, que la coignée s'émousse au premier coup. Les citronniers, les orangers, les grenadiers y croissent comme les buissons; & leur mélange avec d'autres arbres forme naturellement des berceaux qui surpassent la régularité de l'art. Ces beaux lieux sont arrosés par une infinité de ruisseaux & de fontaines, qui, malgré l'ardeur du climat, y entretiennent une fraîcheur délicieuse.

Avant d'entrer dans les détails qui vous feront connoître la nature & les mœurs de Madagascar, il faut que je vous raconte l'histoire du premier établissement des François dans cette île.

En 1642 on fonda une compagnie sous les auspices du cardinal de Richelieu. Cette compagnie eut pour premier objet de s'assurer la facilité de pénétrer dans les Indes. Elle fit d'abord quelques progrès, mais ses fonds étoient si médiocres qu'après la mort de son protecteur, elle tomba par sa propre foiblesse. Dans cette décadence, le maréchal de la Meilleraye conçut le dessein de relever, pour son utilité particulière, cette entreprise mal soutenue, & fit partir plusieurs navires équipés à ses frais. Ils arrivèrent au Fort-Dauphin, que la compagnie avoit fait construire sur une petite langue de terre, pour être le siége du gouvernement. Il étoit situé entre deux pointes, qui formoient une anse de sept lieues de tour. On y avoit bâti une maison pour le gouverneur, une chapelle pour le service divin, un logement pour des missionnaires, quelques magazins, un corps de casernes & quelques baraques. Le sieur de Charmagon y commandoit, & avoit soumis les nations voisines du fort, qui lui payoient un tribut.

Fortifié par de nouveaux secours, il entreprit de nouvelles conquêtes. Il envoya trente hommes en course; & dans l'espace de deux mois, ils se rendirent maîtres de plus de quatre-vingts lieues de pays. Un autre détachement, sous les ordres du célèbre la Case, dont la valeur est encore en si grande réputation dans cette île, pénétra dans la partie du nord. Les peuples subjugués venoient de toutes parts se ranger sous l'obéissance des François; & deux cens mille hommes regardèrent comme une faveur, que dans leur île même, cent soixante avanturiers ne leur ôtassent pas la vie.

Ce fameux la Case, dont le

courage extraordinaire a été d'un si grand secours à l'établissement de Madagascar, s'étoit embarqué dans un des vaisseaux de M. de la Meilleraye, sans autre motif que de voir le monde. A son arrivée, trouvant les François exposés aux insultes de leurs voisins, son premier coup d'essai fut de tuer, de sa propre main, le prince Lonnael; & bientôt après, il vainquit dans un combat singulier, le prince Dalaa. Il défit ensuite les souverains d'Auossy, de Mahaphale & de Caramboule, enleva leurs familles & un grand nombre de leurs sujets, & les envoya au Fort-Dauphin, où on les fit tous périr inhumainement. Il n'y eut d'excepté que quelques enfans de princes qui furent menés en France au maréchal de la Meilleraye. On en a vu un marié à Paris fous le nom de Panola, & gentilhomme du duc de Mazarin.

Des victoires si multipliées, si continuelles, si éclatantes, excitèrent la jalousie du gouverneur contre la Case. Il ne put voir, sans chagrin, la distinction dont un simple avanturier joüissoit parmi les insulaires. Aussi le reçut-il très-froidement, & il refusa constamment de l'employer. Cette conduite détermina la Case à quitter le fort & lui fit prendre le parti de se retirer auprès du prince d'Amboul, qui l'avoit appelé à sa cour. Il y étoit principalement attiré par les charmes de la princesse sa fille, qui brûloit pour lui des mêmes feux qu'elle lui avoit inspirés. Le prince son père favorisant cet amour, consentit à leur union; & la Case, épousant la princesse, succéda à la souveraineté. Cet événement ne fit que redoubler la haine de Chamargon, qui envoya des gens affidés pour l'assassiner. La Case étoit heureusement sur ses gardes, & sa prudence sut le garantir de la fureur de son ennemi. Désespérant de pouvoir se réconcilier, il se renferma dans ses états d'Amboule, où il attendit paisiblement des tems plus heureux.

Les succès des François ayant

établi la tranquillité dans le fort Dauphin, les missionnaires persuadés que le règne de la paix est celui de l'évangile, jugèrent qu'il étoit tems de penser à l'exercice de leur ministère; mais l'impétuosité d'un zèle mal entendu devint également funeste à l'établissement des François & à celui de la religion.

Un prince de cette île, nommé Dian-Manangue, jouissoit parmi les insulaires de la plus grande réputation d'esprit & de valeur & de science militaire. Cette opinion, généralement répandue, fit croire aux missionnaires, que la conversion d'un homme de cette importance seroit un exemple qui entraîneroit celle de tous ses sujets. Il étoit notre ami & notre allié, & entendoit parfaitement notre langue. Ils jugèrent donc qu'il ne seroit pas difficile de l'instruire, ni impossible de l'amener à leur but. Le gouverneur approuva ce dessein, & en conséquence invita le prince à se rendre au fort, où M. Etienne, prêtre de la maison de S. Lazare de Paris, devoit lui en faire la première ouverture. Dian-Manangue se hâta d'y arriver & croyant qu'il s'agissoit de quelque opération de guerre, offrit joyeusement toutes ses forces au service de notre nation. Il n'est aujourd'hui question ni de guerre, ni de combats, lui dit le missionnaire, mais d'augmenter le nombre des disciples de Jesus-Christ. Nous sommes vos amis & vous êtes le nôtre. Nous voulons nous rendre utiles à votre bonheur, comme nous l'avons été à votre gloire, & en vous associant à notre religion, vous faire participer à la félicité qu'elle promet. Quittez vos dieux & vos femmes; le dieu des chrétiens vous dédommagera de ces sacrifices.

Cette proposition étonna le prince, qui répondit cependant avec douceur, qu'il laisseroit aux personnes de sa dépendance, & même à ses enfans, la liberté d'embrasser le christianisme; mais que pour lui-même, il étoit encore trop jeune pour quitter ses femmes, & déjà trop vieux pour changer sa façon de vivre. Le missionnaire lui déclara que les chrétiens n'avoient pas de plus grands ennemis que ceux de leur dieu, & que s'il refusoit de le reconnoître, non-seulement les François ne vouloient point d'alliance avec lui, mais qu'ils lui enleveroient ses états & ses concubines. Ebranlé par cette menace, Dian-Manangue demanda quinze jours pour délibérer, & revint au fort dans le tems convenu. Le missionnaire & le gouverneur renouvellèrent leurs sollicitations ; mais toutes ses réponses furent celles d'un homme intrépide, qui n'avoit fait que se confirmer dans sa résistance.

Furieux de cette obstination, le gouverneur tira le prêtre à l'écart & lui dit tout bas qu'étant armé d'un pistolet, il alloit casser la tête à cet opiniâtre, qui refusoit de croire à l'évangile. Le missionnaire loüa son zèle, mais le détourna de ce dessein. Le prince se doutant du péril, changea insensiblement de langage, & parut, sans affectation, se rapprocher peu-à-peu du parti qu'on proposoit. Le prêtre n'eut pas de peine à regarder ce changement comme un miracle de la grace ; & le gouverneur s'en applaudit comme d'un effet de sa modération.

On se quitta de part & d'autre avec les marques de l'amitié la plus sincère; & l'on fixa le jour auquel le prince devoit recevoir le baptême. Il fut réglé que la cérémonie se feroit devant son palais, & en présence de tout son peuple. Le missionnaire s'y rendit au tems prescrit; & le zèle l'emportant sur la prudence, il ne se fit accompagner que d'un clerc & de six nègres, qui portoient les ornemens sacerdotaux. Le prince le reçut civilement; mais il lui fit comprendre qu'il s'étoit livré à des espérances vaines. Le prêtre employa, pendant quelques jours, les prières & les exhortations; & voyant que tout étoit inutile, l'emportement de sa charité lui fit déclarer la guerre à celui qu'il vouloit convertir. Le prince plus modéré, ménagea son ennemi ; & affectant un air de respect & de crainte, sembloit lui laisser toujours quelque espoir.

M. Etienne, aussi imprudent dans sa confiance que dans ses menaces, prenoit ses repas à la table du prince, & ne se doutoit pas de l'indignation qu'avoit excitée en lui son dernier entretien. Il ne tarda pas à en ressentir les effets ; les viandes qu'on lui servit au dernier dîner, étoient infectées d'un poison si subtil, que son clerc en mourut trois heures après ; & le prince, impatient de trouver le missionnaire encore en vie, le fit assommer à coups de bâton.

Cette action barbare lui ôta toute espérance de se réconcilier avec les François : aussi ne songea-t-il plus qu'à finir la tragédie par leur entière destruction. Il massacra un détachement de quarante hommes, avant qu'on pût être instruit de sa perfidie ; & avec un corps de quatre mille combattans, il attendit fièrement les approches de l'ennemi. Le gouverneur comprit qu'avec le peu de monde qui lui restoit, il ne pourroit soutenir les efforts de quatre mille hommes aguerris par les leçons même des François, sous lesquels ils avoient long-tems appris à combattre. Il fut en effet obligé de fuir devant son vainqueur, qui réduisit la garnison du fort au désespoir.

Dans cette consternation générale, quelques-uns osèrent s'emporter contre la mémoire du missionnaire, auquel ils reprochèrent toutes leurs disgraces. M. Manier son confrère, & prêtre, comme lui, de la maison de S. Lazare, se crut obligé de prendre la défense de son compagnon, & de soutenir publiquement, que le reste des François ne devoit leur conservation qu'aux prières de ce saint martyr. Il menaça d'excommunier ceux qui manqueroient de respect pour son nom; & Chamargon joignit la menace d'une peine rigoureuse à celle des censures ecclésiastiques.

Dans l'extrêmité où se trouvoit la

la Colonie, on fentit combien le fecours de la Cafe pouvoit être utile ; & l'on ménagea fa réconciliation avec le gouverneur. Ce brave guerrier, toujours affectionné à fa patrie, & fâché du préjudice que les François fe caufoient volontairement par leurs divifions, fe rendit au fort Dauphin, & vint offrir fes fervices au commandant. Il fut reçu de la part des troupes, avec des tranfports de joie ; fa préfence ranima leur courage ; & Dian-Manangue ne tarda pas à s'appercevoir qu'il auroit en lui un ennemi formidable.

Les chofes étoient en cet état, lorfqu'on apprit la mort du maréchal de la Meilleraye, & qu'il s'étoit formé une nouvelle compagnie sous les auspices de M. Colbert. Ce ministre ayant reconnu, par l'exemple des états voisins, combien le commerce étranger contribue à la prospérité d'une nation, obtint du roi une déclaration pour l'établissement d'une compagnie Françoise des Indes orientales. Ce fut le commencement de cette fameuse compagnie des Indes, qui a éprouvé depuis tant de variations. Elle envoya quatre vaisseaux, dont un arriva à Madagascar, où le sieur de Bausse, sous le titre de président du conseil oriental, devoit commander.

Le duc de Mazarin, fils & héritier de M. de la Meilleraye, ayant cédé fes prétentions fur cette île, le fieur de Chamargon, qui ne tenoit fon autorité que du maréchal, fut obligé de reconnoître celle du préfident. La compagnie lui offrit les provifions de commandant des armées, & de fecond confeiller au confeil fouverain, que fa majefté établiffoit à Madagafcar. Il fut quelque tems fans fe décider; mais il accepta enfin ces emplois, qui lui parurent affez folides, & qu'il s'expofoit à perdre par de plus longs délais. Le gouvernement fut donc partagé entre lui & le préfident de Bauffe. Ce dernier prit les difpofitions des magafins & du commerce, & l'autre celles de la milice & de la guerre. Il fut réglé qu'on feroit l'inventaire de tout ce qui étoit au duc de Mazarin, auquel la compagnie en tiendroit compte ; qu'elle prendroit à son service les anciens François de Madagascar ; qu'ils payeroient un tribut pour les terres qui leur appartenoient en propre, ou qu'ils seroient transportés en France à leur volonté.

L'arrivée d'un vaisseau, qui devoit être bientôt suivi de trois autres, ramena à la soumission plusieurs petits princes qui avoient secoué le joug des François depuis la révolte de Dian-Manangue. La princesse d'Amboule, épouse de la Case, vint au fort avec un nombreux cortege, autant pour y faire briller ses charmes, que pour rendre son hommage au nouveau gouverneur. Elle se fit apporter dans une espèce de palanquin, que plusieurs hommes soutenoient sur leurs épaules, accompagnée de douze femmes & de quatre cens nègres à pied. Elle descendit à cinq cens pas de la place, pour y faire camper son corps de troupe, & se mit en marche avec ses dames d'honneur, précédée de vingt gardes conduits par la Case, qui lui servit d'interprète. Elle témoigna au président combien elle étoit redevable aux François, & demandoit la continuation de leur amitié. Ses douze femmes présentèrent autant de petites corbeilles de jonc, remplies de fleurs d'orange, de jasmin & de grenades avec six médailes d'or & une pierre précieuse sur chaque corbeille. Vous jugez bien que la Case avoit présidé à cette galanterie. On y ajouta cinquante paniers pleins des meilleurs fruits du pays; & la princesse, en se retirant, laissa vingt bœufs à la porte du gouverneur. Ce présent, donné de si bonne grace, fut reconnu avec peu de libéralité de la part des François. On la renvoya avec quelques grains de verre, dont la Case lui avoit appris à connoître la valeur. Aussi en fut-elle très-mécontente; & elle déclara librement, que des gens qui s'entendoient si mal en générosité, pour des princes dont l'amitié leur étoit nécessaire, devoient espérer peu de succès de leur entreprise.

Dian-Koug, c'est le nom sous lequel elle figure dans cette histoire, étoit d'une taille au-dessus de la médiocre. Elle avoit la peau d'un fort beau noir, comme tous les habitans de l'île, & la gorge bien faite, quoiqu'elle eût eu trois enfans de la Case. Ses dents étoient admirables, le fond de ses yeux d'une blancheur éblouissante & la prunelle brune. Son habillement étoit un corset sans manche, avec une pagne de soie, d'herbe & de coton, ingénieusement tissu & nuancé, qui ne la couvroit que jusqu'aux genoux. Sa coëffure consistoit en de petites tresses de ses propres cheveux, qui tomboient jusqu'à la moitié de son corset par les côtés, & étoient tournées en rond par derrière. Les dames de la suite étoient parées dans le même goût, & avoient les oreilles percées avec un bois rond, enrichi de plaques d'or, passé dans le trou. La Case avoit choisi les plus jolies; & ce cortege offroit un coup-d'œil très-agréable.

Dian-Manangue, devenu le plus cruel ennemi des François, après avoir été le plus fidèle de leurs alliés, n'apprit pas sans effroi l'arrivée du premier vaisseau de leur flotte. Ses terreurs augmentèrent par le débarquement de l'escadre entière, & sur-tout par les glorieux exploits du brave la Case, qui revenoit chaque jour couvert de nouveaux lauriers. Sa chère Dian-Koug partageoit ses travaux & sa gloire; car elle suivoit son mari dans les combats; & n'étant encore que sa maîtresse, elle lui avoit sauvé plus d'une fois la vie. Chamargon, qui, comme vous l'avez vu, cherchoit à le faire périr, avoit payé des nègres pour l'assassiner. Ils le surprirent endormi & sans gardes dans sa propre maison. Ils auroient pénétré jusqu'à lui, si son amante, la lance à la main, ne les eut arrêtés & ne lui eut donné le tems de se reconnoître. Elle l'avoit sauvé dans une autre occasion où elle fut blessée en combattant pour sa défense.

La réputation de la Case fit sentir au conseil, de quelle importance il étoit pour la compagnie, de s'attacher un homme, dont elle pouvoit espérer tant de services. Il lui envoya une commission de lieutenant ; &, deux jours après, il lui fit présent d'une belle épée, avec des félicitations sur le succès de ses armes. Ce guerrier, qui, depuis neuf ans, n'avoit reçu que de mauvais traitemens pour prix de tant de belles actions, parut extrêmement sensible à cet honneur. Il offrit d'entreprendre la conquête de l'île, & assura qu'avec des secours médiocres, il exécuteroit ce qu'il promettoit ; mais il avoit toujours des ennemis secrets, dont la jalousie traversoit toujours ses desseins.

Quelque tems avant cette époque, le président de Bauffe mourut, & la cour envoya le marquis de Mondevergue à Madagascar, pour y commander. Il y arriva avec une flotte de dix vaisseaux, qui portoient environ deux mille personnes. Leur étonnement fut extrême de voir ce fameux fort, où leur nation étoit établie depuis vingt-cinq ans, dans l'état le plus déplorable. Il offroit à peine quelques huttes, pour le logement des principaux officiers, & ne présentoit du côté de la mer que deux petits bastions ruinés, avec neuf pièces de canons de fer sans affûts. Des premiers agens de la compagnie, les uns étoient morts, d'autres avoient pris le parti de retourner en France; le reste étoit allé chercher fortune dans des lieux plus heureux. Mondevergue ne trouva aucune provision dans les magasins, parce que les chefs avoient fait tourner les profits de la compagnie à leur propre utilité. Tous les engagés demandoient justice contre celui qui, chargé du commerce & des approvisionnemens, les laissoit périr de faim & de misère.

Mondevergue tâcha de rétablir l'ordre dans la place, & d'y procurer

curer l'abondance; mais le même esprit de division qui avoit toujours empêché les progrès de la Colonie, excita de nouveaux troubles parmi les chefs. Plusieurs se déterminèrent à quitter l'île, & après leur départ on ne vit regner dans le fort Dauphin qu'une affreuse langueur. Les vivres continuoient de manquer, parce qu'ils y étoient, ou distribués avec peu d'économie, ou pillés par des gens que la faim réduisoit au désespoir. La Case, dont le zèle ne se rallentissoit pas plus que le courage, amena plusieurs fois des milliers de bestiaux, qui ne furent pas mieux ménagés. Ce héros de Madagascar, toujours en action, toujours en course, signaloit sans cesse sa valeur par de nouvelles victoires. Mais tous ces avantages & la réconciliation même qui se fit avec Dian-Manangue, à qui on ne proposa plus de quitter sa religion & ses femmes, ne servirent point à faire prospérer l'établissement. Les directeurs se persuadèrent enfin que Madagascar pouvoit être moins regardé comme un objet de commerce que comme un lieu de repos & de rafraîchissement; que la compagnie devoit chercher plus loin des facilités qu'ils désespéroient de trouver dans cette île.

Par un vaisseau nouvellement arrivé, Mondevergue reçut des lettres du roi, qui lui laissoient le choix ou de conserver son gouvernement ou de retourner à la cour. Il prit le second parti, & eut M. de la Haye pour successeur. Ce dernier, après s'être mis en possession de son commandement, déclara que le roi nommoit Chamargon lieutenant-général, & la Case maître de l'île. Le nouveau gouverneur se dégoûta de sa place, comme avoit fait son prédécesseur; & laissant l'empire à ceux qui en avoient joui les premiers, il passa aux Indes avec tous les officiers qu'il avoit amenés de France. Ainsi l'île Dauphine, pour laquelle il s'étoit formé de si glorieux projets, fut presque entièrement abandonnée. Il n'y resta que ceux qui avoient commandé sous le maréchal de la

Meilleraye, avec les anciens François & quelques missionnaires, que leur zèle y retint.

On fut quelque tems en Europe, sans entendre parler de Madagascar, lorsqu'un vaisseau François, faisant voile pour l'île de Bourbon, vint aborder au fort Dauphin. Le capitaine apprit que Chamargon & la Case étoient morts ; que la Bretesche lieutenant réformé, qui avoit épousé la fille aînée de ce brave guerrier, obtint sa charge de major de l'île ; que la princesse Dian-Hong s'étoit remariée secrétement avec un François nommé Thomassin, & que beaucoup de gens étoient très-mécontens de ce mariage ; que la Bretesche s'étant allié avec plusieurs grands du pays, contre Dian-Manangue qui avoit recommencé la guerre, s'en étoit vu abandonné, & que les nègres venoient d'égorger tous les François qu'ils avoient pu trouver. Il n'en resta, en effet que quelques familles qui conservent l'habitation de leurs pères dans la province d'Annossy, où est situé le fort Dauphin. La pointe sur laquelle cette forteresse étoit bâtie, est reconnue comme le canton le plus sain de l'île. Il s'y trouve peu de bestiaux; & de là sont venus les malheurs des François obligés d'envoyer continuellement des partis pour en tirer des autres provinces. La longueur du chemin & la difficulté des passages ôtoient aux insulaires le désir de leur en amener. Le port pouvoit contenir cinq ou six navires ; mais pour être en sûreté, il falloit mouiller sous le fort. Les vents qui soufflent dans la baie, exposent toujours à quelque danger.

Outre la principale place les François avoient encore quelques autres habitations ; mais elles ne leur servoient guère qu'à nourrir les bestiaux qu'ils enlevoient dans leurs courses. Cependant ils y cultivoient un peu de tabac. Mais ils n'en ont jamais assez recueilli pour en vendre. Les autres denrées qu'ils devoient à leur travail, étoient employées à leur subsistance : celle dont ils tiroient le plus d'avantage, étoit l'hydromel. A l'égard des traités qu'ils faifoient avec les princes de l'île, ils ne leur ont jamais donné que des efpérances imaginaires. Enfin fi l'on excepte la pureté de l'air, le lieu qu'ils avoient choifi étoit le moins favorable à leur établiffement.

La baie d'Antongil a du moins cet avantage, que les vaiffeaux y font en fûreté. Son ouverture eft large de cinq ou fix lieues, & va toujours en augmentant. Il eft malheureux que les pluies aient des qualités dangereufes, qui rendent cette partie très-malfaine. Nous y avons formé une habitation, & jeté les fondemens du fort de S. Louis, que ce motif nous a fait abandonner. Antongil n'auroit pas laiſſé de fournir beaucoup de riz au fort Dauphin, ſi les habitans s'étoient cru aſſurés d'un commerce régulier ; mais ne voyant pas venir tous les ans des navires à la traite, ils ne ſemoient pas autant qu'ils auroient pu. Les Hollandois y chargent chaque année deux bâtimens qu'ils font partir du cap de Bonne-Eſpérance. C'eſt le meilleur riz, non-ſeulement de l'île, mais peut-être du monde entier. Ils donnent en échange toutes ſortes de clinquailleries, dont ces inſulaires ſont toujours curieux.

La baie de S. Auguſtin, quoique peu favorable pour la retraite des vaiſſeaux, a été long-tems l'entrepôt de ceux des Anglois dans leurs voyages aux Indes. Il est vrai qu'ils étoient obligés de se retirer à l'abri d'une île éloignée de deux lieues, où ils avoient un petit fort de terre dans une plaine fort aride. La plupart des personnes qu'ils y avoient laissées, étant mortes de maladie, ils ont abandonné cet établissement. On fait dans cette baie de l'eau & du bois, par la facilité qu'ont les chaloupes d'entrer dans deux rivières, où les nègres fournissent des bestiaux pour du sel, qui est extrêmement rare. Ils ont aussi de l'écaille de tortue, des coquillages & une sorte de gomme qui ressemble au sang de dragon, dont ils se servent comme de poix, pour calfater leurs canots.

La pointe du nord est peu connue, parce qu'étant remplie de petites îles, de rochers & de bancs de sable, la navigation y est dangereuse. Cette partie se courbe vers la mer des Indes, & est plus étroite que celle du sud, qui s'élargit auprès du cap de Bonne-Espérance. On voit sur les côtes, & même dans l'intérieur de l'île, des villes, des bourgs & des villages. Il y a de ces villes qui ne contiennent pas moins de mille maisons, & sont entourées de fossés & de palissades. Mais ces maisons ne sont proprement que des baraques de bois, couvertes de feuilles & si basses, qu'on ne sauroit s'y tenir debout. Au milieu s'élève celle du seigneur, plus haute, plus étendue, mais bâtie avec les mêmes matériaux que celles des sujets, c'est-à-dire, de bois, de planches & de feuilles d'arbres.

LETTRE XXV.

Du fort S. Denis.

IL est tems, Madame, de faire succéder à tous ces détails historiques, quel qu'en soit l'intérêt, les observations que vous préférez à toutes les autres. Je vais donc vous parler de la population, des mœurs & de la religion de Madagascar.

Il y a ici trois races d'hommes très-distinctes ; la première est très-noire, & a les cheveux courts &

crépus : elle paroît être la feule qui foit originaire de cette île. Ceux qui forment la feconde, habitent quelques provinces de l'intérieur; ils font bazannés & ont les cheveux longs & plats ; on les nomme *Malambons* : ils font continuellement en guerre avec les premiers; on les eftime moins à l'île de France que les autres, parce qu'ils font moins forts pour le travail, & qu'ils font en général très-pareffeux : leurs traits reffemblent affez à ceux des Malais. La troifième habite les environs du fort Dauphin, & quelques parties de la côte de l'ouest : ils defcendent de quelques anciens Arabes qui s'établirent dans l'île après un naufrage, ils ont confervé la figure, de même que certaines coutumes de leurs ancêtres ; mais ils n'en ont aucune connoissance : ils disent seulement qu'ils ne sont point originaires du pays & se regardent comme enfans de la mer, parce qu'elle a jeté leurs pères dans cette contrée. Ils écrivent la langue *Madécasse* en caractères Arabes, sur une espèce de mauvais papier qu'ils fabriquent eux-mêmes avec une écorce d'arbre battue qu'on appelle *fontache* ; ils écrivent encore sur des feuilles de ravénala, pour lors ils se servent du poinçon, à la manière des Indiens : les caractères tracés sur la feuille, n'y sont pas d'abord très-sensibles ; mais à mesure qu'elle sèche, ils deviennent très-noirs. Ces hommes sont reconnus pour savans dans toute la côte; on ne manque pas de recourir à eux, lorsqu'on a quelqu'inquiétude, des sacrifices à faire ou des augures à tirer. Ils se sont attribué le droit exclusif de tuer les animaux : un *Madécasse* qui tueroit une poule dans leur pays, commettroit un grand crime; & lorsqu'un étranger y passe, s'il veut manger une volaille, il envoie chercher un habitant qui lui coupe le col. Ceux qui mangent du cochon perdent cette prérogative. Ils ont une telle horreur pour ces animaux, qu'ils ne permettent pas même qu'il en passe dans leur village.

On prétend que l'intérieur de

l'île renferme une nation blanche & naine qui vit sous terre, à-peu-près comme on l'a cru des Hottentots; on la dit très-laborieuse, ne fréquentant point ses voisins, faisant du jour la nuit & de la nuit le jour, & sacrifiant tous ceux qui pénètrent dans les lieux qu'elle habite. Je n'oserai garantir son existence. J'ai vu cependant au fort Dauphin une fille âgée de trente ans, qu'on assure être de cette nation, du moins on l'avoit amenée pour telle à Moldane. Elle est assez blanche & n'a pas plus de trois pieds & demi; mais c'est sans doute un phénomène particulier; car si ces êtres existoient, nous en aurions vu quelques-uns dans nos comptoirs.

Le nombre des hommes n'est nullement proportionné à la grandeur du pays. A peine y compte-t-on seize cens mille habitans. Ce qui s'oppose principalement à leur multiplication, c'est l'usage où ils sont de distinguer des jours heureux & malheureux pour la naissance des enfans, & d'abandonner impitoyablement ceux qui viennent au monde sous un astre défavorable.

Le peuple est partagé en nobles & en esclaves, sous l'autorité des grands, qui la transmettent à leur descendans, & se font réciproquement la guerre pour de nouvelles ou d'anciennes querelles. Les Madécasses sont, en général, grands, bien faits, agiles & d'une contenance fière & audacieuse ; mais leur langage a des sons doux & agréables ; & ils savent se contrefaire avec autant d'art que les plus grands fourbes de l'Europe. Il n'y a pas de métiers, dont ils n'ayent quelque notion & qu'ils n'exerçent avec utilité. Leurs armes sont des demi-piques garnies de fer, qu'ils entretiennent toujours très-luisantes, & qu'ils lancent avec une adresse admirable.

Les femmes sont bien faites, d'un très-beau noir, d'une complexion amoureuse & capable de tendresse, d'attachement & de constance. Un officier François en avoit épousé une qu'il surprit avec un nègre. Usant de la double qualité de mari offensé & de maître outragé, il fit attacher à un arbre, & percer l'esclave de quatre coups de lance. La dame, toujours amoureuse, envoya reconnoître si son amant étoit mort ; & lui ayant trouvé quelque reste de force, elle lui sauva la vie, en pansant elle même ses plaies. Les hommes ont, de leur côté, tant de complaisances pour les femmes, qu'ils ne marquent jamais ni colère, ni tristesse en leur présence. On marie les femmes à l'âge de huit ou neuf ans ; & à dix, on en voit beaucoup qui sont mères & nourrices. Celles qui ont les mamelles assez longues, les donnent à l'enfant par-dessus l'épaule ; & cette difformité n'en est point une à Madagascar, où l'on ne sait pas encore s'occuper de l'art d'arranger, ni du soin de soutenir sa gorge. On s'épouse sans cérémonie, & la religion n'entre pour rien dans l'union conjugale.

Ces peuples ont des loix, dont ils ne connoissent ni l'esprit, ni l'origine, mais qu'ils observent avec assez d'uniformité. On perce les mains aux voleurs; on coupe la tête aux meurtriers; on est plus indulgent pour l'adultère; & c'est un des points où ils se rapprochent le plus des nations policées. Les grands jugent les procès, tant en affaire civile qu'en matière criminelle. La punition des coupables n'entraîne aucuns frais de justice, on se croit assez payé d'avoir un scélérat de moins dans la nation. Le vassal suit son chef à la guerre, & combat avec courage, lorsqu'il est animé par son exemple, ou fuit avec lâcheté, s'il le voit fuir ou périr. Tous les soirs, en tems de paix, ces gens s'assemblent autour de la maison de leur souverain, dont ils exaltent la bonté & la valeur par des cris d'allégresse. Lorsqu'un de ces princes en visite un autre, ce dernier ne manque jamais de lui prêter une de ses femmes; & ce seroit lui faire un affront insigne, que de n'en point user à son gré.

Les occupations ordinaires de la vie se partagent entre les deux sexes. Les hommes gardent les troupeaux ; les femmes cultivent la terre. La fabrication des pagnes & des tapis de coton est un travail commun à tout le monde. Le lait, le riz, les racines sont la nourriture ordinaire. On ne mange de la viande, que les jours de fête ou de grande réjouissance. On la rôtit avec la peau, après l'avoir nétoyée comme celle du porc. La liqueur chérie est l'hidromel.

L'habillement des Madécasses est une simple pagne, longue de trois aunes, qu'ils mettent sur leurs épaules, & dont les deux bouts tombent par-devant : les chefs en portent en soie ou en coton, garnies à leurs extrêmités de franges

& de verroterie, ou de grains d'étain ; ils se couvrent la tête avec une calotte faite de jonc. Les femmes se ceignent les reins d'une toile bleue de trois ou quatre brasses, ce qui fait l'effet d'un jupon ; par-dessous elles portent toujours une toile blanche plus ou moins grande par propreté. Elles ont aussi une espèce de corset ou demi-chemise de toile bleue qui ne descend qu'à la moitié du sein, & qui est orné par-devant de plusieurs plaques d'or ou d'argent qui servent d'agraffes. Elles portent des pendans d'oreilles, & ont aux bras des anneaux d'argent & de verroterie, & au col des chaînes d'or ou d'argent, travaillées dans le pays.

Leur nourriture à Floulepointe est le riz, qu'ils mangent avec du poisson ou avec une poule dépécée cuite dans l'eau ; ils mettent dans le bouillon quelques feuilles de ravénala & un peu d'eau de mer, car ils ne connoissent pas le sel. Dans l'intérieur de l'île, ils se servent de la feuille d'un arbre que nous connoissons sous le nom d'*arbre de sel*. Des feuilles de bananier leur servent de nappes & de plats; on met dessus d'un côté le riz, & de l'autre la viande : pour manger le riz, ils se servent aussi d'un morceau de feuille de bananier, replié en forme de petits cornets, & versent dessus un peu de bouillon. Ils ne boivent après leur repas que de l'eau qui a bouilli dans le vase où on a fait cuire le riz, & au fond duquel il s'est formé une croûte fort épaisse; cette précaution est très-utile dans ce pays où les eaux en général sont très-mauvaises & presque toutes saumâtres.

LETTRE XXVI.

Du fort Dauphin.

Les arts n'ont pas fait de grands progrès dans cette contrée ; les femmes du sud font des pagnes avec du coton & de la soie, & celles du nord avec les feuilles du raphia. Leurs métiers sont simples & composés seulement de quatre morceaux de bois mis en terre. On

On y trouve des orfèvres & des forgerons qui font des chaînes & autres ouvrages auxquels ils ne donnent point le poli. Les soufflets dont ils se servent pour leurs forges, sont composés de deux troncs d'arbres creux & liés ensemble ; dans le bas il y a deux tuyaux de fer, & dans l'intérieur de chaque tronc, un piston garni de raphia qui tient lieu d'étoupes. L'apprentif qui fait jouer cette machine, enfonce alternativement l'un des pistons, tandis qu'il lève l'autre. Ils ont fait toutes les pièces qui composent un fusil, mais il ne leur a pas été possible d'en percer le canon.

L'agriculture n'est pas plus avancée que les arts. On n'y voit point de jardins ni d'arbres fruitiers. Les habitans du nord ne cultivent que le riz dont ils se nourrissent ; & comme cette plante ne réussit point dans les terres méridionales, ceux du sud y suppléent par le petit mil. Ils ne labourent point ; après avoir brûlé les herbes des marécages, ils y sèment leur riz au commencement des pluies. Dans plusieurs endroits ils ne se donnent même pas la peine de semer. Ils laissent sur leur tige des épis dont le grain tombe & se reproduit.

Les médecins y jouissent d'une grande considération. Toute leur science consiste à connoître quelques plantes aromatiques, astringentes & purgatives, dont ordinairement ils font un mélange pour les boissons ou pour les bains ; mais on ne les appelle que dans les maladies graves, & après avoir épuisé les remèdes généraux & connus de tout le monde. Ces remèdes se réduisent à broyer une espèce de pois monstrueux avec un peu de chaux pour en faire un emplâtre qu'on applique ensuite sur la partie la plus souffrante. Si la maladie devient sérieuse, ils mettent une branche d'arbre quelconque garnie de ses feuilles au-dessus de leur porte, & la ferment avec une ficelle qui forme un triangle, au moyen d'un bâton planté en terre : par ce signe, les amis sont avertis qu'ils ne peuvent entrer comme à l'ordinaire, & que la porte n'eſt ouverte qu'au médecin & aux autres perſonnes dont le ſervice eſt utile au malade.

Le médecin lui fait des cataplaſmes & le met au régime ; & quelquefois il a recours à la ſaignée, mais ce n'eſt qu'à la dernière extrêmité. S'il eſt obligé d'en venir à cette opération, il la fait à toutes les parties du corps & particulièrement à celle qu'il croit être le ſiège de la douleur. Il y applique d'abord une corne de bœuf par ſon côté le plus large ; un petit trou qu'on a eu ſoin de pratiquer à l'autre extrêmité, lui ſert à pomper avec la bouche pour attirer le ſang sur cette partie : ensuite il prend un mauvais couteau, dont la pointe est recourbée, fait plusieurs scarifications, & remet une seconde fois la corne. Si la maladie augmente, on fait des sacrifices, & l'on immole des bœufs, qui sont distribués aux voisins, après toutefois qu'on a prélevé la portion du dieu bienfaisant & de l'être malfaisant : les cornes sont exposées sur une perche devant la porte de la maison. Si le malade meurt, & qu'il soit riche, on recommence les sacrifices, & l'on ne discontinue pas d'en faire jusqu'à ce qu'on ait enterré le cadavre, ce qui forme un intervalle de plusieurs jours. Pendant la nuit on tire des coups de fusil devant la maison pour écarter les mauvais génies ; ensuite on place le défunt dans une bierre de bois avec ses plus beaux habits, & on l'ensevelit hors du village : on construit sur le lieu de sa sépulture une cahute, devant laquelle on place sur une perche toutes les cornes des bœufs sacrifiés à sa mort. S'il tient à quelques familles de considération qui vivent éloignées de l'endroit, comme en général toutes les grandes familles ont des tombeaux qui leur sont affectés, après les sacrifices on le transporte chez ses parens en grande pompe, & les mêmes cérémonies s'y renouvellent pendant plusieurs jours, jusqu'à ce qu'on le dépose dans le tombeau de ses ancêtres.

Les Madécasses n'ont, à proprement parler, aucune religion, ils reconnoissent cependant deux principes, l'un bon & l'autre mauvais, ils nomment le premier *jauhar*, ce qui signifie *grand dieu, tout-puissant* : ils ne lui élèvent point de temple, ne le représentent jamais sous des formes sensibles & ne lui adressent point de prières, parce qu'il est bon, mais ils lui font des sacrifices.

Le second s'appelle *augat* ; ils réservent toujours pour ce dernier une portion des victimes qu'ils immolent à l'autre.

Ils pensent qu'après la mort les hommes deviennent des mauvais esprits, qui quelquefois leur apparoissent & leur parlent dans leurs songes : le dogme de la métempsycose ne leur est pas connu ; cependant, selon le caractère de la personne, ils croient que certaines ames passent dans le corps d'un animal ou d'une plante, & parce qu'ils virent des serpens sur le tombeau d'un chef cruel & sanguinaire qui, pour découvrir les mystères de la génération, avoit fait ouvrir le ventre à plusieurs femmes enceintes, ils crurent que son ame avoit passé dans le corps de ces reptiles. A la baye d'Antongil, on révère un badamier qu'on dit être sorti des cendres d'un chef bienfaisant.

Quelques-uns sans avoir la moindre idée de Mahomet, se disent Musulmans, parce qu'ils trafiquent avec des Arabes qui viennent leur enlever l'argent que les François leur apportent toutes les années en y allant acheter des esclaves, des bœufs & deux ou trois millions de riz. Ceux-là joignent au mahométisme les superstitions les plus extravagantes ; on les circoncit dès leur enfance ; cette cérémonie ne se fait que tous les trois ans : elle amène un grand jour de fête, dans lequel on assemble les enfans de tous les environs pour les mutiler. Le chef fait tuer plusieurs bœufs, & fournit le tok, boisson faite avec des cannes à sucre & dans laquelle il entre du belaye, dont les propriétés sont les mêmes que celles du fimarouba; tant que les provisions durent, la fête est brillante, mais dès qu'il n'y a plus à boire, chacun retourne à son village.

Semblables à presque tous les peuples sauvages, les habitans de Madagascar regardent les éclipses comme des présages de quelque grand malheur; mais ils sont rassurés par l'idée qu'il ne doit tomber que sur les personnes d'une condition relevée.

A la naissance des enfans, ils tirent les augures; & s'ils ne sont pas favorables, ils les exposent dans les bois à la merci des bêtes féroces.

On croiroit ces peuples adorateurs de la mer, par la cérémonie qu'ils font, lorsqu'ils entreprennent quelque voyage le long de la côte ; c'est une espèce de bénédiction qu'ils donnent à leur bateau : le pilote prend de l'eau de mer dans un morceau de feuille de ravénala, puis il adresse des prières à l'élément qui va le porter ; il le conjure de ne point faire de mal à son navire, de le garantir au contraire de tous les écueils, & de le ramener promptement au port, chargé de beaucoup d'esclaves : ensuite il se met dans l'eau, fait le tour de sa pirogue & l'asperge tout autour ; après cette opération, il revient sur le bord & fait un trou dans la terre pour y déposer le morceau de feuille de ravénala. Les autres noirs qui doivent faire le voyage dans le même bateau, s'affeyent tous autour, adreffent des prières à la mer, mettent leur bateau à flot, & s'embarquent.

On trouve à Madagafcar des efpèces de convulfionnaires qui paffent pour forciers; ils entrent en fureur, & paroiffent mourir dans le même inftant. Après plufieurs heures paffées dans cet état, ils femblent fortir d'un long fomme, & débitent toutes les rêveries qui leur viennent à l'idée.

Les Madécaffes ont des femmes autant qu'ils en veulent; ils les répudient quand il leur plaît, & fe tiennent fort honorés, lorfqu'un Européen

Européen en jouit : elles font le travail du ménage, mais l'occupation ne les empêche pas d'être coquètes, au point de passer des journées entières à se parer pour plaire à leurs amans.

Ce n'est pas par les démonstrations d'une gaieté bruyante, ni par des embrassades (ils en ignorent l'usage) que les Madécasses expriment le plaisir de revoir des parens ou des amis, dont une longue absence les avoit séparés. Ils se contentent de se passer les mains l'une sur l'autre sans se les presser.

Les Madécasses ont plusieurs épreuves par lesquelles ils s'imaginent reconnoître la vérité. Les principales sont celles de l'eau

& du feu. La première consiste à jurer par le cayman : ceux qui s'y soumettent sont obligés de traverser une rivière où ces reptiles se trouvent en grande quantité, & de rester un certain tems dans le milieu ; si les caymans ne les attaquent point, on les tient pour innocens. Les habitans du sud ont une autre épreuve par l'eau : dans cette dernière, on attend que la mer soit extrêmement courroucée ; alors on expose le coupable sur une roche placée en dehors du fort Dauphin, & s'il est respecté par les vagues, son innocence est reconnue. Celle du feu se pratique en passant un fer rouge sur la langue ; & comme il est impossible qu'elle ne soit pas brûlée, ceux qui la subissent sont toujours regardés comme coupables.

Je terminerai cette lettre, Madame, par le récit des absurdités que les Madécasses ont mêlées à l'histoire de nos Livres Saints. Adam, selon eux, placé dans le paradis terrestre, n'étoit sujet à aucun besoin corporel, à aucune des nécessités de la nature. Il ne devoit avoir ni faim, ni soif, & par conséquent ne pouvoit être tenté de rien manger de tout ce qui se trouvoit dans ce lieu de délices. Il paroissoit donc assez inutile de lui défendre de cueillir des fruits de ce jardin. Cependant le diable ne désespère pas de le faire succomber. Il va le trouver & lui demande pourquoi il ne goûte pas de ces fruits délicieux ; pourquoi il ne boit pas des liqueurs excellentes qui coulent comme de l'eau dans cet agréable séjour. Adam lui allègue la défense du très-haut, & sur-tout le peu de besoin qu'il a de nourriture Le diable revient à la charge, & l'assure que Dieu l'envoie pour lui signifier que la défense est levée, & qu'il lui est permis de manger & de boire tout ce qui lui plaira. Adam ne se donne pas le tems de vérifier la mission du tentateur, boit & mange sur sa parole.

Bientôt la nature surchargée par ce repas a besoin de se soulager. Adam satisfait à cette nécessité &

souille le lieu divin qu'il habite. Le diable victorieux se hâte de l'aller accuser auprès de l'éternel ; & le premier homme est chassé du paradis. Quelque tems après sa disgrace, il lui vient une tumeur à la jambe, qui s'ouvre au bout de six mois, & il en sort une jeune fille. Surpris de cette nouveauté, Adam fait demander à Dieu par un ange, comment il doit en user avec cette nouvelle créature? On lui répond qu'il faut l'élever avec soin, pour en faire sa femme, quand elle aura atteint l'âge nubile.

Voilà tout ce que j'ai pu recueillir sur une île que je suis à la veille de quitter.

LETTRE XXVII.

Du cap de Bonne-Espérance.

Après une navigation longue & périlleuse, sous un ciel presque toujours enflammé d'éclairs qui entr'ouvroient sans cesse un horizon couvert de grands nuages redoublés, je suis enfin arrivé, Madame, à la vue du cap de Bonne-Espérance ; à l'aide d'un éclairci, j'en ai apperçu la côte qui est très-élevée. Elle est absolument dépouillée d'arbres ; sa partie supérieure est à pic, formée de couches de rochers parallèles ; le pied est arrondi en croupe. Elle ressemble à d'anciennes murailles de fortifications avec leur talu.

Je voyois au fond de la baye, la montagne de la Table, la terre la plus élevée de toute cette côte. Sa partie supérieure est de niveau & escarpée de tous côtés, comme un autel ; la ville est au pied, sur le bord de la baye. Il s'amasse souvent sur la Table une brume épaisse, entassée & blanche comme la neige. Les Hollandois disent alors que la nappe est mise. Le commandant de la rade hisse son pavillon ; c'est un signal aux vaisseaux de se tenir sur leurs gardes, & une défense aux chaloupes de mettre en mer. Il descend de cette nappe des tourbillons de vent mêlés de brouillards, semblables à de longs flocons de laine. La terre est obscurcie de nuages de sable, & souvent les vaisseaux sont contraints d'appareiller. Les marins aiment beaucoup la terre du Cap, mais ils en craignent la rade, qui est encore plus dangereuse depuis le mois d'avril jusqu'en septembre.

Je comptois descendre le soir même, mais la brise m'en empêcha.

Au lever du soleil trois chaloupes joliment peintes nous abordèrent. Elles étoient envoyées par des bourgeois qui nous invitoient à descendre chez eux pour y loger. Je descendis dans la chaloupe d'un

Allemand, qui m'assura que pour mon argent, je serois très-bien chez un aide-de-camp de la bourgeoisie.

En traversant la rade je réfléchissois à l'embarras singulier où j'allois me trouver sans habits, sans argent, sans connoissance, chez des Hollandois à l'extrêmité de l'Afrique. Mais je fus distrait de mes réflexions par un spectacle nouveau. Nous passions auprès de quantité de veaux marins, couchés sans inquiétude sur des paquets de goëmons flottans, semblables à ces longues trompes avec lesquelles les bergers rappellent leurs troupeaux; des pinguoins nageoient tranquillement à la portée de nos rames, les oiseaux marins venoient se reposer sur les chaloupes, & je vis même, en descendant sur le sable, deux pélicans qui jouoient avec un gros dogue, & lui prenoient la tête dans leur large bec.

Je concevois une bonne opinion d'une terre dont le rivage étoit hospitalier, même aux animaux.

Les rues du Cap sont très-bien alignées. Quelques-unes sont arrosées de canaux, & la plupart sont plantées de chênes. Il m'étoit fort agréable de les voir couverts de feuilles au mois de janvier. La façade des maisons étoit ombragée de leur feuillage, & les deux côtés de la porte étoient bordés de siéges en brique ou en gazon, où des dames fraîches & vermeilles étoient assises. J'étois ravi de voir enfin des physionomies & de l'architecture Européenne.

Je traversai, avec mon guide, une partie de la place, & j'entrai chez une grosse Hollandoise, fort gaie. Elle prenoit le thé au milieu de sept ou huit officiers de la flotte, qui fumoient leur pipe. Elle me fit voir un appartement fort propre & m'assura que tout ce qui étoit dans la maison étoit à mon service.

Quand on a vu une ville Hollandoise, on les a toutes vues : le même par-tout, l'ordre d'une maison est celui de toutes les autres. Voici quelle étoit la police de celle de mon hôteſſe. Il y avoit toujours, dans la ſalle de compagnie, une table couverte de pêches, de melons, d'abricots, de raiſins, de poires, de fromages, de beurre frais, de vin, de tabac & de pipes. A huit heures on ſervoit le thé & le caffé; à midi un dîner très-abondant en gibier & en poiſſon; à quatre heures le thé & le caffé; à huit un ſouper comme le dîner; ces bonnes gens mangèrent toute la journée.

Le prix de ces penſions n'alloit pas autrefois à une demi-piaſtre, ou 50 ſols de France par jour, mais des marins François, pour ſe diſtinguer des autres nations, le mirent à une piaſtre, & c'eſt aujourd'hui pour eux leur taux ordinaire. Ce prix est excessif, vu l'abondance des denrées : il est vrai que ces endroits sont beaucoup plus honnêtes que nos meilleures auberges. Les domestiques de la maison sont à votre disposition ; on invite à dîner qui l'on veut, on peut passer quelques jours à la campagne de l'hôte, se servir de sa voiture, tout cela sans payer.

Après le dîner, je fus voir le gouverneur, vieillard de quatre-vingts ans, que son mérite avoit placé à la tête de cette Colonie depuis cinquante ans. Il m'invita à dîner pour le lendemain. Il avoit appris ma position & y parut sensible.

Je fus me promener ensuite au jardin de la compagnie; il est divisé en grands quarrés arrosés par un ruisseau. Chaque quarré est bordé d'une charmille de chênes de vingt pieds de hauteur. Ces palissades mettent les plantes à l'abri du vent qui est toujours très-violent; on a même eu la précaution de défendre les jeunes arbres des avenues par des éventails de roseau.

Je vis dans ce jardin des plantes de l'Asie & de l'Afrique, mais surtout des arbres de l'Europe couverts de fruits dans une saison où je ne leur avois jamais vu de feuilles.

Je me rappelai qu'un de mes amis, officier de la marine du roi, m'avoit donné en partant de l'île de France une lettre pour le secrétaire du conseil; je fus le saluer & lui remis cette lettre. Il me reçut parfaitement bien & m'offrit sa bourse. Je me servis de son crédit pour les choses dont j'avois un besoin indispensable.

C'étoit pour moi une distraction bien agréable qu'une société tranquille, un peuple heureux & une terre abondante en toutes sortes de biens.

Le fils de ce secrétaire m'invita à aller à Constance, vignoble fameux situé à quatre lieues du Cap. Nous fûmes coucher à sa campagne à deux petites lieues de la ville. Nous y arrivâmes par une très belle avenue de châtaigniers. J'y vis des vignobles près d'être vendangés, des vergers, des bois de chênes & une abondance extrême de légumes.

Le lendemain nous continuâmes notre route à Constance : c'est un côteau qui regarde le nord, qui est ici le côté du soleil à midi. En approchant nous traversâmes un bois d'arbres d'argent ; il ressemble à nos pins, & sa feuille à celle de nos saules. Elle est revêtue d'un duvet blanc très-éclatant.

Cette fôret paroît argentée. Lorsque les vents l'agitent & que le soleil l'éclaire, chaque feuille brille comme une lame de métal. Nous passâmes sous ces rameaux, si riches & si trompeurs, pour voir des vignes moins éclatantes, mais bien plus utiles.

Nous arrivâmes au vignoble de Constance, par une grande allée de vieux chênes. On voit sur le frontispice de la maison une mauvaise peinture de la Constance, grande fille assez laide qui s'appuie sur une colonne. Je croyois que c'étoit une figure allégorique de la vertu Hollandoise : mais on me dit que c'étoit le portrait d'une demoiselle Constantia, fille d'un gouverneur du Cap. Il avoit fait bâtir cette maison avec de larges fossés, comme un château fort. Il se proposoit d'en élever les étages, mais des ordres d'Europe en arêtèrent la construction.

Nous trouvâmes 'e maître de la maison, fumant sa pipe en robe de chambre. Il nous mena dans sa cave & nous fit goûter de son vin. Il étoit dans de petits tonneaux, appelés alverames, contenant quatre-vingt dix pintes, rangés dans un souterrain fort propre. Il en restoit une centaine : sa vigne, année commune, en produit deux cens. Il vend le vin rouge trente-cinq piastres l'alverame, & trente le vin blanc. Ce bien lui appartenant en propre, il est seulement obligé d'en réserver un peu pour la compagnie qui le lui paye. Voilà ce qu'il nous dit.

Après avoir goûté son vin, nous fûmes dans son vignoble. Le raisin muscat que j'y goûtai me parut parfaitement semblable au vin que je venois de boire. Les seps n'ont point d'échalas, & les grappes sont peu élevées sur le sol. On les laisse mûrir jusqu'à ce que les grains soient à moitié confits par le soleil. Nous goûtâmes une autre espèce de raisins fort doux qui ne sont pas muscats. On en tire un vin aussi cher, qui est un excellent cordial.

La qualité du vin de Constance vient de son terroir. On a planté des mêmes seps à la même exposition, à un quart de lieue de là, dans un endroit appelé le bas Constance: il y a dégénéré; j'en ai goûté Le prix, ainsi que le goût, en est très-inférieur ; on ne le vend que douze piaftres l'alverame. Des fripons du Cap en attrapent quelquefois les étrangers.

Auprès du vignoble eft un jardin immenfe ; j'y vis la plupart de nos arbres fruitiers, plantés en haies & en charmilles, chargés de fruits. Ils font un peu inférieurs aux nôtres, excepté le raifin que je préférerois. Les oliviers ne s'y plaifent pas.

Nous trouvâmes au retour de la promenade un ample déjeûner ; l'hôteffe nous combla d'amitiés ; elle defcendoit d'un François réfugié, & paroiffoit ravie de voir un homme de fon pays. Le mari & la femme nous montrèrent un gros chêne creux, dans lequel ils dinoient quelquefois. Ils étoient unis comme Philémon & Baucis, & ils paroissoient aussi heureux, si ce n'est que le mari avoit la goute & que la femme pleuroit quand on parloit de France.

Depuis Constance jusqu'au Cap, on voyage dans une plaine inculte, couverte d'arbrisseaux & de plantes. Nous nous arêtâmes à Neuhausen, jardin de la compagnie, distribué comme celui de la ville, mais plus fertile. Toute cette partie n'est pas exposée au vent, comme le territoire du Cap où il s'élève tant de poussière, que la plupart des maisons ont de doubles chassis aux fenêtres pour s'en garantir. Le soir nous arrivâmes à la ville.

A quelques jours de là mon hôte m'engagea à aller à sa campagne. Nous partîmes dans sa voiture, attelée de six chevaux. J'y passai plusieurs jours dans un repos délicieux. La terre étoit jonchée de pêches, de poires & d'oranges que personne ne recueilloit ; les promenades étoient ombragées des plus beaux arbres. J'y mesurai un chêne de onze pieds de circonférence : on prétend que c'est le plus ancien qu'il y ait dans le pays.

Mon hôte proposa à quelques Hollandois d'aller sur Tableberg, montagne escarpée au pied de laquelle la ville paroît située. Je me mis de la partie. Nous partîmes à pied à deux heures après minuit. Il faisoit un très-beau clair de lune. Nous laissâmes à droite un ruisseau qui vient de la montagne, & nous dirigeâmes notre route vers une ouverture qui est au milieu, & qui ne paroît de la ville que comme une lézarde à une grande muraille. Chemin faisant nous entendîmes hurler des loups, & nous tirâmes quelques coups de fusil en l'air pour les écarter; le sentier est rude jusqu'au pied de l'escarpement de la montagne, mais il le devient ensuite bien davantage. Cette fente qui paroît dans la table, est une séparation oblique qui a plus d'une portée de fusil de largeur à son entrée inférieure; dans le haut elle n'a pas deux toises. Ce ravin est une espèce d'escalier très-roide, rempli de sable & de roches roulées. Nous l'avons gravi, ayant à droite & à gauche des escarpemens du roc de plus de deux cens pieds de hauteur. Il en sort de grosses masses de pierres toutes prêtes à s'ébouler : l'eau suinte par des fentes & y entretient une multitude de plantes aromatiques. Nous entendîmes dans ce passage les hurlemens des bavians, sorte de gros singe qui ressemble à l'ours.

Après trois heures & demie de fatigue, nous parvînmes sur la table. Le soleil se levoit de dessus la mer, & ses rayons blanchissoient à notre droite les sommets escarpés du Tigre & de quatre autres chaînes de montagnes,

tagnes, dont la plus éloignée paroît la plus élevée. A gauche, un peu derrière nous, nous voyions, comme fur un plan, l'île des Pingouins, enfuite Conftance, la baye de Falfe & la montagne du Lion : devant nous l'île Roben. La ville étoit à nos pieds. Nous en diftinguions jufqu'aux plus petites rues. Les vaftes quarrés du jardin de la compagnie, avec fes avenues de chênes & fes hautes charmilles, ne paroiffoient que des plates-bandes avec leurs bordures en buis; la citadelle un petit pentagone grand comme la main, & les vaiffeaux des Indes des coques d'amande. Je fentois déjà quelque orgueil de mon élévation, lorfque je vis des aigles qui planoient à perte de vue au-dessus de ma tête.

Il auroit été impossible après tout de n'avoir pas quelque mépris pour de si petits objets, & sur-tout pour les hommes qui nous paroissoient comme des fourmis, si nous n'avions pas eu les mêmes besoins. Mais la faim & le froid se faisoient sentir. On alluma du feu & nous déjeûnâmes. Après le déjeûner nos Hollandois mirent la nappe au bout d'un bâton pour donner un signal de notre arrivée; mais ils l'ôtèrent une demi-heure après, parce qu'on la prendroit, disoient-ils, pour un pavillon François.

Le sommet de Tableberg est un rocher plat, qui me parut avoir une demi-lieue de longueur fur un quart de largeur. C'eft une efpèce de quartz blanc, revêtu feulement par endroits d'un pouce ou deux de terre noire végétale, mêlée de fable & de gravier blanc. Nous trouvâmes quelques petites flaques d'eau, formées par les nuages qui s'y arrêtent fouvent.

Les couches de cette montagne font parallèles ; je n'y ai trouvé aucun foffile. Le roc inférieur eft une efpèce de grès, qui à l'air fe décompofe en fable. Il y en a des morceaux qui reffemblent à du pain avec fa croûte.

Quoique le fol du fommet n'ait prefque aucune profondeur, il y avoit une quantité prodigieuse de plantes.

J'arrivai en me promenant à l'extrêmité de la table ; de là je faluai l'océan Atlantique, car on n'eft plus dans la mer des Indes après avoir doublé le Cap. Je rendis hommage à la mémoire de Vafco de Gama, qui ofa le premier doubler ce promontoire des tempêtes. Il eût mérité que les marins de toutes les nations y euffent placé fa ftatue, & j'y aurois fait volontiers une libation de vin de Conftance pour fon courage héroïque. Il eft douteux cependant que Gama foit le premier navigateur qui ait ouvert cette route au commerce des Indes. Pline rapporte qu'Hannon fit le tour de l'Afrique depuis la mer d'Espagne jusqu'en Arabie, comme on peut le voir, dit-il, dans les mémoires de ce voyage, qu'il a laissés par écrit. Cornelius Nepos dit avoir vu un capitaine de navire, qui, fuyant la colère du roi Lathyrus, vint de la mer Rouge en Espagne. Long-tems auparavant Cœlius - Antipater assuroit qu'il avoit connu un marchand Espagnol qui alloit, par mer, trafiquer jusqu'en Ethiopie.

Quoi qu'il en soit, le Cap si redouté des marins par sa mer orageuse, est une grande montagne située à seize lieues d'ici, & qui a donné son nom à cette ville, malgré son éloignement. Elle termine la pointe la plus méridionale de l'Afrique. Elle est dans les traités un point de démarcation ; au-delà, les prises navales sont encore légitimes, plusieurs mois après que les princes sont d'accord en Europe. Elle a vu souvent la paix à sa droite, & la guerre à sa gauche, entre les mêmes pavillons ; mais elle les a vus plus souvent se réunir dans ses rades & y être en bonne intelligence, lorsque la discorde troubloit les deux hémisphères. J'admirois cet heureux rivage que jamais la guerre n'a défolé, & qui est habité par un peuple utile à tous les autres par les ressources de son économie & l'étendue de son commerce. Ce n'est pas le climat qui fait les hommes. Cette nation sage & paisible ne doit point ses mœurs à son territoire. La piraterie, les guerres civiles agitent les régences d'Alger, de Maroc, de Tripoli, & les Hollandois ont porté l'agriculture & la concorde à l'autre extrêmité de l'Afrique.

J'amusois ma promenade par ces réflexions si douces & si rares à faire dans aucun lieu de la terre : mais la chaleur du soleil m'obligea de chercher un abri. Il n'y en a point d'autre qu'à l'entrée du ravin. J'y trouvai mes camarades auprès d'une petite source où ils se reposoient. Comme ils s'ennuyoient, on décida le retour. Il étoit midi ; nous descendîmes ; quelques-uns se laissant glisser assis, d'autres accroupis sur les mains & sur les pieds. Les roches & les sables s'échappoient dessous nos pas. Le soleil étoit presque à pic, & ses rayons réfléchis par les rochers collatéraux faisoient éprouver une chaleur insupportable. Souvent nous quittions le sentier & courions nous cacher à l'ombre pour respirer sous quelque pointe de roc. Les genoux me manquoient ; j'étois accablé de soif : nous arrivâmes vers le soir à la ville. On nous attendoit. Les rafraîchissemens étoient prêts ; c'étoit de la limonade, où l'on avoit mis de la muscade & du vin. Nous en bûmes sans danger. Je fus me coucher. Jamais voyage ne me fit tant de plaisir, & jamais le repos ne me parut si agréable.

LETTRE XXVIII.

Du cap de Bonne-Espérance.

L'Air du cap de Bonne-Espérance est très-sain. Il est rafraîchi par les vents du sud-est, qui y sont si froids, même au milieu de l'été, qu'on y porte en tout tems des habits de drap. Sa latitude est cependant par le trente-troisième degré sud. Mais je suis persuadé que le pôle austral est plus froid que le septentrional.

Il règne peu de maladies au Cap. Le scorbut s'y guérit très-vîte, quoiqu'il n'y ait point de tortues de mer. En revanche la petite vérole y fait des ravages affreux. Beaucoup d'habitans en sont profondément marqués. On prétend qu'elle y fut apportée par un vaisseau Danois. La plupart des Hottentots qui en furent atteints en moururent. Depuis ce tems ils sont réduits à un très-petit nombre, & ils viennent rarement à la ville.

Le sol du Cap est un gravier sabloneux, mêlé d'une terre blanche. J'ignore s'il renferme des minéraux précieux. Les Hollandois tiroient autrefois de l'or de Lagoa, sur le canal Mosambique ; ils y avoient même un établissement, mais ils l'ont abandonné à cause du mauvais air.

J'ai vu chez le major de la place une terre sulfureuse où se trouvent des morceaux de bois réduits en charbon, une véritable pierre à plâtre, des tubes noirs de toutes les grandeurs, amalgamés sans avoir perdu leur forme : on croit que c'est une mine de fer.

Je n'y ai vu aucun arbre du pays que l'arbre d'or & l'arbre d'argent, dont le bois n'est bon qu'à brûler. Le premier ne diffère du second que par la couleur de sa feuille, qui est jaune. Il y a, dit-on, des forêts dans l'intérieur, mais ici la terre est couverte d'un nombre infini d'arbrisseaux & de plantes à fleurs. Ceci confirme l'opinion où je suis qu'elles ne réussissent bien que dans les pays tempérés, leur calice étant formé pour rassembler une chaleur modérée. Dans le nombre des plantes qui m'ont paru les plus remarquables, sont, une fleur rouge, qui ressemble à un papillon, avec un panache, des pates, quatre aîles & une queue; une espèce d'hiacinthe à longue tige, dont toutes les fleurs sont adossées au sommet comme les fleurons de l'impériale; une autre fleur bulbeuse, croissant dans les marais : elle est semblable à une grosse tulipe rouge, au centre de laquelle seroit une multitude de petites fleurs.

Un arbrisseau dont la fleur ressemble

semble à un gros artichaut couleur de chair; un autre arbrisseau commun, dont on fait de très-belles haies : ses feuilles sont opposées sur une côte; il se charge de grappes de fleurs papillonnacées couleur de rose. Il leur succède des graines légumineuses. Je vous envoye pour les planter en France.

J'ai vu dans les insectes une belle sauterelle rouge, marbrée de noir, des papillons fort beaux, & un insecte fort singulier : c'est un petit scarabée brun, il court assez vîte; quand on veut le saisir, il lâche avec bruit un vent suivi d'une petite fumée; si le doigt en est atteint, cette vapeur le marque d'une tache brune, qui dure quelques jours. Il répéte plusieurs fois de suite son artillerie. On l'appelle le *canonier*.

Les colibris n'y sont pas rares. J'en ai vu un gros comme une noix, d'un verd changeant sur le ventre. Il avoit un collier de plumes rouges, brillantes comme des rubis sur l'estomac, & des aîles brunes comme un moineau : c'étoit comme un surtout sur son beau plumage. Son bec étoit noir, assez long & propre par sa courbure à chercher le miel dans le sein des fleurs ; il en tiroit une langue fort menue & fort longue. Il vécut plusieurs jours. Je lui vis manger des mouches & boire de l'eau sucrée. Mais comme il s'avisa de se baigner dans la coupe où on l'avoit mise, ses plumes se collèrent & attirèrent les fourmis, qui le mangèrent pendant la nuit.

J'y ai vu des oiseaux couleur de feu avec le ventre & la tête comme du velours noir : l'hiver ils deviennent tout bruns. Il y en a qui changent de couleur trois fois l'an. Il y a aussi un oiseau de paradis, mais je ne l'ai pas trouvé si beau que celui d'Asie. Je n'ai pas vu cette espèce vivante. *L'ami du jardinier* & une espèce de tarin, se trouvent fréquemment dans les jardins. L'ami du jardinier mériteroit bien d'être transporté en Europe, où il rendroit de grands services à nos jardins. Je l'ai vu s'occuper constamment à prendre des chenilles &

à les accrocher aux épines des buissons.

Il y a des aigles, & un oiseau qui lui ressemble beaucoup. On l'appelle le *secrétaire*, parce qu'il a autour du cou une fraise de longues plumes propres à écrire. Il a cela de singulier, qu'il ne peut se tenir debout sur ses jambes, qui sont longues & couvertes d'écailles. Il ne vit que de serpens. La longueur de ses pattes cuirassées le rend très-propre à les saisir, & cette fraise de plumes lui met le cou & la tête à l'abri de leurs morsures. Cet oiseau mériteroit bien aussi d'être naturalisé chez nous. L'autruche y est commune : on m'en a offert de jeunes pour un écu. J'ai mangé de leurs œufs, qui sont moins bons que ceux des poules. J'y ai vu aussi le casoar, couvert de poils rudes au lieu de plumes. Il y a une quantité prodigieuse d'oiseaux marins, dont j'ignore les noms & les mœurs. Le pingoin pond des œufs fort estimés; mais je n'y ai rien trouvé de merveilleux. Ils ont cela de singulier, que le blanc, étant cuit, reste toujours transparent.

La mer abonde en poissons qui m'ont paru supérieurs à ceux des îles, mais inférieurs à ceux d'Europe. On trouve sur ses rivages quelques coquilles, des nautiles papiracés, des têtes de méduse, des lepas & de fort beaux lithophites, que l'on arrange sur des papiers, où ils repréfentent de fort jolis arbres, bruns, aurore & pourprés. On les vend aux voyageurs. J'y ai vu un poiffon de la grandeur & de la forme d'une lame de couteau flamand. Il étoit argenté & marqué naturellement de chaque côté de l'impreffion de deux doigts. Il y a des veaux marins, des baleines, des vaches marines, des morues & une grande variété d'efpèces de poiffons ordinaires, mais dont je ne vous parlerai point, faute d'obfervations & de connoiffances fuffifantes dans l'ichthyologie.

Il y a une efpèce fort commune de petites tortues de montagne à écaille jaune marquetée de noir; on n'en fait aucune forte d'ufage.

Il y a des porc-épis, & des marmottes d'une forme différente des nôtres; une grande variété de cerfs & de chevreuils, des ânes sauvages, des zèbres, &c. Un ingénieur Anglois y a tué, il y a quelques années, une girafe ou caméléopard, animal de seize pieds de hauteur, qui broutte les feuilles des arbres.

Le bavian est un gros singe fait comme un ours. Le singe paroît se lier dans la nature avec toutes les classes animales. Je me souviens d'avoir vu un sapajou qui avoit la tête & la crinière du lion. Celui de Madagascar, appelé Muki, ressemble à une levrette; l'orang-outang à un homme.

Tous les jours on y découvre des animaux d'une espèce inconnue en Europe ; il semble qu'ils se soient réfugiés dans les parties du globe les moins fréquentées par l'homme, dont le voisinage leur est toujours funeste. On en peut dire autant des plantes, dont les espèces sont d'autant plus variées, que le pays est moins cultivé. On a envoyé en Suède, à M. Linnéus, quelques plantes du Cap, si différentes des plantes connues, que ce fameux naturaliste écrivit : « Vous m'avez fait » le plus grand plaisir ; mais vous » avez dérangé tout mon syftême. »

Il y a de bons chevaux au Cap, & de fort beaux ânes. Les bœufs y ont une grosse loupe sur le cou, formée de graisse, entrelacée de petits vaisseaux. Au premier coup d'œil cette excroissance paroît une monstruosité; mais on voit bientôt que c'est un réservoir de substance, que la nature a donné à cet animal, destiné en Afrique à vivre dans des pâturages brûlés. Dans la saison sèche il maigrit, & sa loupe diminue; elle se remplit de nouveaux sucs lorsqu'il paît des herbes fraîches. D'autres animaux qui naissent sous le même climat, ont aussi les mêmes avantages. Le chameau a aussi une bosse, & le dromadaire en a deux en forme de selle; le mouton a une grosse queue faite en capuchon, qui n'est qu'une masse de suif de plusieurs livres.

On a dreffé ici les bœufs à courir prefque auffi vîte que les chevaux avec les charettes auxquelles ils font atelés.

Le mouton & le bœuf font fi communs, qu'on en jette aux boucheries la tête & les pieds ; ce qui attire, la nuit, les loups jufques dans la ville. Souvent je les entends hurler aux environs. Pline obferve que les lions d'Europe, qui fe trouvent en Romanie, font plus adroits & plus forts que ceux d'Afrique, & les loups d'Afrique & d'Egypte font, dit-il, petits & de peu d'exécution. En effet, les loups du Cap font bien moins dangereux que les nôtres. Je pourrois ajouter à cette obfervation, que cette fupériorité s'étend aux hommes même de notre continent. Nous avons plus d'esprit & de courage que les Afiatiques & les nègres : mais il me semble que ce feroit une louange plus digne de nous, de les furpaffer en juftice, en bonté & en qualités fociales.

Le tigre eft plus dangereux que le loup; il eft rufé comme le chat, mais il n'a pas de courage : les chiens l'attaquent hardiment.

Il n'en eft pas de même du lion. Dès qu'ils ont éventé fa voie, la frayeur les faifit. S'ils le voient, ils l'arrêtent ; mais ils ne l'approchent pas. Les chaffeurs le tirent avec des fufils d'un très-gros calibre. J'en ai manié quelques-uns ; il n'eft guère qu'un paysan du Cap qui puisse s'en servir.

On ne trouve de lions qu'à soixante lieues d'ici; cet animal habite les forêts de l'intérieur; son rugissement ressemble de loin au bruit sourd du tonnerre. Il attaque peu l'homme, qu'il ne cherche ni n'évite : mais si un chasseur le blesse, il le choisit au milieu des autres, & s'élance sur lui avec une fureur implacable. La compagnie donne pour cette chasse des permissions & des récompenses.

Voici un fait dont j'ai pour garans le gouverneur, le major de la place, & les principaux habitans du lieu.

On trouve à soixante lieues du

Cap, dans les terres incultes, une quantité prodigieuse de petits cabris. J'en ai vu à la ménagerie de la compagnie; ils ont deux petits daguets sur la tête; leur poil est fauve avec des taches blanches. Ces animaux paissent en si grand nombre, que ceux qui marchent en avant, dévorent toute la verdure de la campagne & deviennent fort gras, tandis que ceux qui suivent ne trouvent presque rien, & sont très-maigres. Ils marchent ainsi en grandes colonnes, jusqu'à ce qu'ils soient arrêtés par quelques chaînes de montagnes; alors ils rebroussent chemin, & ceux de la queue, trouvant à leur tour des herbes nouvelles, réparent leur embonpoint, tandis que ceux qui marchoient devant le perdent. On a essayé d'en former des troupeaux, mais ils ne s'apprivoisent jamais. Ces armées innombrables sont toujours suivies de grandes troupes de lions & de tigres, comme si la nature avoit voulu assurer une subsistance aux bêtes féroces. On ne peut guère douter sur la foi de mes témoins, qu'il n'y ait des armées de lions dans l'intérieur de l'Afrique; d'ailleurs la tradition Hollandoise est conforme à l'histoire. Polybe dit qu'étant avec Scipion, en Afrique, il vit un grand nombre de lions qu'on avoit mis en croix pour éloigner les autres du village. Pompée, dit Pline, en mit à la fois six cens aux combats du colisée ; il y en avoit trois cens quinze mâles. Il y a quelque cause physique qui semble réserver l'Afrique aux animaux. On peut présumer que c'est la disette d'eau qui a empêché les hommes de s'y multiplier & d'y former de grandes nations comme en Asie. Dans une si grande étendue de côte, il ne sort qu'un petit nombre de rivières peu considérables. Les animaux qui paissent peuvent se passer long-tems de boire. J'ai vu sur des vaisseaux, des moutons qui ne buvoient que tous les huit jours, quoiqu'ils vécussent d'herbes sèches.

Les Hollandois ont formé des établissemens à trois cens lieues le long de l'Océan, & à cent cinquante sur le canal Mosambique ; ils n'en ont guère à plus de cinquante lieues dans les terres. On prétend que cette Colonie peut mettre sous les armes quatre ou cinq mille blancs ; mais il seroit difficile de les rassembler. Ils en augmenteroient bientôt le nombre, s'ils permettoient l'exercice libre des religions. La Hollande craint peut-être pour elle-même l'accroissement de cette Colonie, préférable en tout à la métropole. L'air y est pur & tempéré ; tous les vivres y abondent, un quintal de blé n'y vaut que cent sols, dix livres de mouton douze sols, une lègre de vin, contenant deux bariques & demie, cent cinquante livres. On perçoit sur ces ventes, qui se font aux étrangers, des droits considérables; l'habitant vit à beaucoup meilleur marché.

Ce pays donne encore au commerce des peaux de mouton, de bœuf, de veau marin, de tigre; de l'aloès, des salaisons, du beurre, des fruits secs & toutes sortes de comestibles. On a essayé inutilement d'y planter le café & la canne de sucre ; les végétaux de l'Asie n'y réussissent pas. Le chêne y croît vîte, mais il ne vaut rien pour les constructions, il est trop tendre. Le sapin n'y vient pas. Le pin s'y élève à une hauteur médiocre. Ce pays auroit pu devenir, par sa position, l'entrepôt du commerce de l'Asie, mais les arsenaux de la marine sont dans le nord de l'Europe. D'ailleurs sa rade est peu sûre, & sa relâche est toujours périlleuse. J'ai vu dans la plus belle saison de l'année, plusieurs vaisseaux forcés d'appareiller. Après tout, il doit remercier la nature qui lui a donné tout ce qui étoit nécessaire aux besoins des Européens, de n'y avoir pas ajouté ce qui pouvoit servir à leurs passions.

LETTRE XXIX.

Du cap de Bonne-Espérance.

L'ABONDANCE du pays, Madame, se répand sur les esclaves. Ils ont du pain & des légumes à discrétion. On distribue à deux noirs un mouton par semaine. Ils ne travaillent point le dimanche. Ils couchent sur des lits avec des matelas & des couvertures. Les hommes & les femmes sont chaudement vêtus. Je parle de ces choses comme témoin, & pour l'avoir su de plusieurs Noirs que les François avoient vendus aux Hollandois pour les punir, disoient-ils, mais dans le fond pour y profiter. Un esclave coûte ici une fois plus qu'à l'île de France. L'homme y est donc une fois plus précieux. Le sort de ces Noirs seroit préférable à celui de nos paysans d'Europe, si quelque chose pouvoit compenser la liberté.

Le bon traitement qu'ils éprouvent, influe sur leur caractère. On est étonné de leur trouver le zèle & l'activité de nos domestiques. Ce sont cependant ces mêmes insulaires de Madagascar, qui sont si indifférens pour leurs maîtres dans nos Colonies.

Les Hollandois tirent encore des esclaves de Batavia. Ce sont des Malayes, nation très-nombreuse de l'Asie, mais peu connue en Europe. Elle a une langue & des usages qui lui sont particuliers. Ils sont plus laids que les nègres, dont ils ont les traits. Leur taille est plus petite, leur peau est d'un noir cendré, leurs cheveux sont longs, mais peu fournis. Ces Malayes ont les passions violentes.

Les Hottentots sont les naturels du pays, ils sont libres. Ils ne sont point voleurs, ne vendent point leurs enfans, & ne se réduisent point entr'eux à l'esclavage. Chez eux l'adultère est puni de mort, on lapide le coupable. Quelques-uns se louent, comme domestiques, pour une piastre par an, & servent les habitans avec tant d'affection, qu'ils exposent souvent leur vie pour eux. Ils ont pour armes la demi-lance ou zagaye.

L'administration du Cap ménage beaucoup les Hottentots. Lorsqu'ils portent des plaintes contre quelqu'Européen, ils sont favorablement écoutés : la présomption devant être en faveur de la nation qui a le moins de desirs & de besoins.

J'en ai vu plusieurs venir à la ville, en conduisant des charriots attelés quelquefois de huit paires de bœufs. Ils ont des fouets d'une longueur prodigieuse, qu'ils manient à deux mains. Le cocher, de dessus son siège, en frappe avec une égale adresse la tête ou la queue de son attelage.

Les Hottentots sont des peuples pasteurs, ils vivent égaux ; mais dans chaque village ils choisissent, entr'eux, deux hommes auxquels ils donnent le titre de capitaine & de caporal, pour régler les affaires du commerce avec la compagnie. Ils vendent leurs troupeaux a très-bon marché. Ils donnent trois ou quatre moutons pour un morceau de tabac ; quoiqu'ils ayent beaucoup de bestiaux, ils attendent souvent qu'ils meurent pour les manger.

Ceux que j'ai vus avoient une peau de mouton sur leurs épaules, un bonnet & une ceinture de la même étoffe. Ils me firent voir comment ils se couchoient. Ils s'étendent nus sur la terre, & leur manteau leur servoit de couverture.

Ils ne sont pas si noirs que les nègres. Ils ont cependant comme eux le nez applati, la bouche grande & les lèvres épaisses. Leurs cheveux sont plus courts & plus frisés. Ils ressemblent à une ratine. J'ai observé que leur langage est très-singulier, en ce que chaque mot qu'ils prononcent est précédé d'un claquement de langue, ce qui leur a, sans doute, fait donner le nom de Chocchoquas, qu'ils portent sur d'anciennes cartes de M. de l'Isle. On croiroit, en effet,

qu'ils

qu'ils disent toujours chocchoq.

Quant au tablier des femmes Hottentotes, c'est une fable dont tout le monde m'a attesté la fausseté ; elle est tirée du voyageur Kolben qui en est rempli.

Une observation plus sûre est celle de Pline, qui remarque que les animaux sont plus imbécilles à proportion que leur sang est plus gras. Les plus forts animaux ont, dit-il, le sang plus épais, & les sages l'ont plus subtil. J'ai remarqué, en effet, sur des noirs blessés, que leur sang se cailloit très-promptement. J'attribuerois volontiers à cette cause la supériorité des blancs sur les noirs.

Indépendamment des esclaves &

des Hottentots, les Hollandois attachent encore à leur service des engagés. Ce sont des Européens, auxquels la compagnie fait des avances, & que les habitans prennent chez eux, en rendant à l'administration ce qu'elle a déboursé.

Ils sont, pour l'ordinaire, économes sur les habitations. On est assez content d'eux les premières années, mais l'abondance où ils vivent les rend paresseux.

On ne donne point à jouer au Cap : on n'y fait point de visites. Les femmes veillent sur leurs domestiques & sur leurs maisons, dont les meubles sont d'une propreté extrême ; le mari s'occupe des affaires dehors. Le soir toute la famille réunie se promène & respire le frais, lorsque la brise est tombée. Chaque jour ramène les mêmes plaisirs & les mêmes affaires.

L'union la plus tendre règne entre les parens. Le frère de mon hôtesse étoit un paysan du Cap, venu de soixante-dix lieues de là. Cet homme ne disoit mot & étoit presque toujours assis à fumer sa pipe. Il avoit avec lui un fils âgé de dix ans qui se tenoit constamment auprès de lui. Le père mettoit la main contre sa joue & le caressoit sans lui parler; l'enfant aussi silentieux que le père, serroit ses grosses mains dans les siennes, en le regardant avec des yeux pleins de la tendresse filiale. Ce petit garçon étoit vêtu comme on l'est à la campagne. Il avoit dans la maison un parent de son âge, habillé proprement ; ces deux enfans alloient se promener ensemble avec la plus grande intimité. Le bourgeois ne méprisoit pas le paysan, c'étoit son cousin.

J'ai vu une demoiselle de seize ans, diriger seule une maison très-considérable. Elle recevoit les étrangers, veilloit sur les domestiques, & maintenoit l'ordre dans une famille nombreuse, d'un air toujours satisfait. Sa jeunesse, sa beauté, ses graces, son caractère, réunissoient en sa faveur tous les suffrages ; cependant je n'ai jamais remarqué qu'elle y fît attention. Je lui difois un jour qu'elle avoit beaucoup d'amis : j'en ai un grand, me dit-elle, c'eft mon père.

Le plaifir de ce confeiller étoit de s'affeoir, au retour de fes affaires, au milieu de fes enfans. Ils fe jettoient à fon cou, les plus petits lui embraffoient les genoux ; ils le prenoient pour juge de leurs querelles ou de leurs plaifirs, tandis que la fille aînée, excufant les uns, approuvant les autres, fouriant à tous, redoubloit la joie de ce cœur paternel. Il me fembloit voir l'Antiope d'Idoménée.

Ce peuple content du bonheur domeftique que donne la vertu, ne l'a pas encore mis dans des romans

& sur le théâtre. Il n'y a pas de spectacles au Cap, & on n'en désire pas. Chacun en voit dans sa maison de fort touchans ; des domestiques heureux, des enfans bien élevés, des femmes fidèles. Voilà des plaisirs que la fiction ne donne pas. Ces objets ne fournissent guère à la conversation, aussi on y parle peu. Ce sont des gens mélancoliques qui aiment mieux sentir que raisonner. Peut-être aussi, faute d'événemens, n'a-t-on rien à dire ; mais qu'importe que l'esprit soit vuide, si le cœur est plein, & si les douces émotions de la nature peuvent l'agiter, sans être excitées par l'artifice, ou contraintes par de fausses bienséances ?

Lorsque les filles du Cap deviennent sensibles, elles l'avouent naïvement. Elles disent que l'amour est un sentiment naturel, une passion douce, qui doit faire le charme de leur vie & les dédommager du danger d'être mères : mais elles veulent choisir l'objet qu'elles doivent toujours aimer. Elles respecteront, disent-elles, étant femmes, les liens qu'elles se sont préparés étant filles.

Elles ne font point un mystère de l'amour. Elles l'expriment comme elles le sentent. Etes-vous aimé ? vous êtes accepté, distingué, fêté, chéri publiquement. J'ai vu une demoiselle, pleurer le départ de son amant. Je l'ai vu préparer, en soupirant, les présens qui devoient être les gages de sa tendresse. Elle n'en cherchoit pas de témoins, mais elle ne les fuyoit pas.

Cette bonne foi est ordinairement suivie d'un mariage heureux. Les garçons portent la même franchise dans leurs procédés. Ils reviennent d'Europe pour remplir leurs promesses ; ils reparoissent avec le mérite du danger & d'un sentiment qui a triomphé de l'absence : l'estime se joint à l'amour, & nourrit, toute la vie, dans ces ames constantes, le désir de plaire qu'ailleurs on porte chez ses voisins.

Quelque heureuse que soit leur vie, avec des mœurs aussi simples

& sur une terre si abondante, tout ce qui vient de la Hollande leur est toujours cher. Leurs maisons sont tapissées des vues d'Amsterdam, de ses places publiques & de ses environs. Ils n'appellent la Hollande que la patrie; des étrangers même, à leur service, n'en parlent jamais autrement. Je demandois à un Suédois, officier de la compagnie, combien la flotte mettroit de tems à retourner en Hollande : il nous faut, dit-il, trois mois pour retourner dans la patrie.

Ils ont une église fort propre, où le service divin se fait avec la plus grande décence. Je ne sais pas si la religion ajoute à leur félicité, mais on voit parmi eux des hommes dont les pères lui ont sacrifié ce qu'ils avoient de plus cher. Ce sont les réfugiés François. Ils ont, à quelques lieues du Cap, un établissement appelé la petite Rochelle. Ils sont transportés de joie quand ils voient un compatriote, ils l'amènent dans leurs maisons, ils le présentent à leurs femmes & à leurs enfans, comme un homme heureux, qui a vu le pays de leurs ancêtres, & qui doit y retourner. Sans cesse ils parlent de la France, ils l'admirent, ils la louent, & ils s'en plaignent comme d'une mère qui leur fut trop sévère. Ils troublent ainsi le bonheur du pays où ils vivent, par le regret de celui où ils n'ont jamais été.

On porte au Cap un grand respect aux magistrats, & sur-tout au gouverneur. Sa maison n'est distinguée des autres que par une sentinelle, & par l'usage de sonner de la trompette lorsqu'il dîne. Cet honneur est attaché à sa place; d'ailleurs aucun faste n'accompagne sa personne. Il sort sans suite; on l'aborde sans difficulté. Sa maison est située sur le bord d'un canal ombragé par des chênes plantés devant sa porte. On y voit des portraits de Aniter, de Trop, ou de quelques hommes illustres de la Hollande. Elle est petite & simple, & convient au petit nombre de folliciteurs qui y font appelés par leurs affaires; mais celui qui l'habite est si aimé & si respecté, que les gens du pays ne passent point devant elle sans la saluer.

Il ne donne point de fêtes publiques, mais il aide de sa bourse des familles honnêtes qui font dans l'indigence. On ne lui fait point la cour. Si on demande justice, on l'obtient du conseil; si ce sont des secours, ce sont des devoirs pour lui : on n'auroit à solliciter que des injustices.

Il est presque toujours maître de son tems, & il en dispose pour maintenir l'union & la paix, persuadé que ce sont elles qui font

fleurir

fleurir les sociétés. Il ne croit pas que l'autorité du chef dépende de la divinité des membres. Je lui ai ouï dire que la meilleure politique étoit d'être droit & juste.

Il invite souvent les étrangers. Quoiqu'âgé de quatre-vingts ans, sa conversation est fort gaie ; il connoît nos ouvrages d'esprit & les aime. De tous les François qu'il a vus, celui qu'il regrette davantage, c'est l'abbé de la Caille. Il lui avoit fait bâtir un observatoire. Il estimoit ses lumières, sa modestie, son désintéressement, ses qualités sociales. Je n'ai connu que les ouvrages de ce savant ; mais en rapportant le tribut que des étrangers rendent à sa cendre, je me félicite de finir le portrait de ces hommes estimables par l'éloge d'un homme de ma nation.

Fin du dix-huitième Volume des Voyages.

TABLE

Pour les Tomes dix-septième & dix-huitième des Voyages.

TOME XVII.

AFRIQUE.

LETTRE PREMIÈRE. *Tableau général de l'état physique & moral de l'Afrique,* 1

EGYPTE.

LETTRE II. *Description géographique de l'Egypte, & changemens que le tems & les travaux des hommes ont fait subir à son sol,* 18

LETTRE III. *Description d'Alexandrie dans les tems anciens, sous les Grecs & les Romains ; dans les tems modernes, sous les Arabes,* 32

LETTRE IV. *Route d'Alexandrie à Rosette, aujourd'hui Raschid ; dangers qu'on court au milieu des sables. Environs charmans de Rosette,* 40

LETTRE V. *Détails sur Rosette. Procession des Psylles ou mangeurs de serpens,* 45

LETTRE VI. *Navigation sur le Nil de Rosette au Grand-Caire,* 60

LETTRE VII. *Description du Grand-Caire ; ses mosquées & minarets ; son château, son puits taillé dans le roc ; ruines du palais de Saladin,* 71

LETTRE VIII. *Port du Caire, nommé Badlak ; vieux château de Hellé ; île de Raunda ; Mikias, ou Nilomètre ; ancienne Heliopolis, & village de la Materée,* 80

LETTRE IX. *Bains de vapeurs en usage dans toute l'Egypte, & coutume des femmes d'y aller plusieurs fois par semaine. Vie intérieure & domestique des Egyptiens.*

Autorité paternelle; éducation des enfans. Almés ou improvisatrices, 92.

LETTRE X. *Vie, mœurs & coutumes des femmes Egyptiennes*, 119.

LETTRE XI. *Description de Gisé, où les négocians françois ont un établissement*, 130.

LETTRE XII. *Voyage à la grande pyramide. Description de ce monument & des deux autres moins considérables. Visite chez un Santon*, 135.

LETTRE XIII. *Village de Menph, foible reste de l'ancienne Memphis; description historique de cette ville*, 164.

LETTRE XIV. *Voyage du Caire à Damiette. Description de cette ville & de ses environs; fait moderne qui ressemble à l'histoire sacrée de Joseph*, 176.

LETTRE XV. *Observations sur le Nil; ses sources, sa crue, son débordement. Fêtes & réjouissances au tems où l'on coupe la digue. Moyens possibles d'assurer à l'Egypte une inondation régulière*, 209

LETTRE XVI. *Agriculture en Egypte ; ce qu'elle fut autrefois, & ce qu'elle est aujourd'hui*, 233

LETTRE XVII. *Gouvernement au tems des Arabes ; ce qu'il est devenu sous les Beys & les Pachas Turcs*, 254

TOME XVIII.

ILE DE FRANCE.

LETTRE XVIII. *Découverte de l'île de France. Description du port Louis ; topographie de l'île, qualités de l'air. Peinture d'un ouragan*, 1

LETTRE XIX. *Histoire des divers établissemens des Européens. Population Françoise ; mœurs des hommes, des femmes ; éducation* des enfans. Condition des Indiens & des négres, 17

LETTRE XX. Course à une caverne renommée, dont on pourroit faire de magnifiques magasins; visite chez un habitant de la rivière Noire, & retour à la ville par les plaines de William, 61

LETTRE XXI. Voyage autour de l'île à pied, 83

LETTRE XXII. Détails sur le commerce & l'agriculture de l'île de France, 148

ILE DE BOURBON.

LETTRE XXIII. Arrivée à l'île de Bourbon. Histoire de l'établissement des françois; mœurs, productions, température, 166

MADAGASCAR.

LETTRE XXIV. Aspect agréable de cette île; histoire du premier établissement des François sous Richelieu, 186

Lettre XXV. *Population, mœurs, loix, occupations, habits, nourriture,* 227

Lettre XXVI. *Arts & religion,* 240

Cap de Bonne-Espérance.

Lettre XXVII. *Vue du Cap en mer; descente, visite chez le Gouverneur; vignoble de Constance; montagne de la Table,* 258

Lettre XXVIII. *Température, sol, végétation, insectes, oiseaux, poissons, quadrupèdes du Cap,* 285

Lettre XXIX. *Esclaves nègres; Hottentots; mœurs des Hollandois; François réfugiés; portrait du Gouverneur,* 307

Fin de la Table.

www.ingramcontent.com/pod-product-compliance
Lightning Source LLC
Chambersburg PA
CBHW070614160426
43194CB00009B/1269